Development Report of Ethnic Minorities In China

中国少数民族事业发展报告

(2017)

教育部人文社会科学重点研究基地中央民族大学中国少数民族研究中心
中央民族大学少数民族事业发展协同创新中心
组织编写

丁宏 主编

图书在版编目（CIP）数据

中国少数民族事业发展报告.2017/教育部人文社会科学重点研究基地中央民族大学中国少数民族研究中心，中央民族大学少数民族事业发展协同创新中心组织编写；丁宏主编.—北京：知识产权出版社，2018.10

ISBN 978-7-5130-5656-4

Ⅰ.①中… Ⅱ.①中…②少…③丁… Ⅲ.①少数民族—民族工作—研究报告—中国—2017 Ⅳ.①D633

中国版本图书馆CIP数据核字(2018)第142376号

内容提要

本书从少数民族事业发展的重要性出发，通过对少数民族各项事业发展的梳理，全面展示其成果、发展轨迹、政策导向，并在此基础上提出意见和建议，以此发挥中央民族大学中国少数民族研究中心、中央民族大学少数民族事业发展协同创新中心在少数民族事业发展中的"思想库"与"智囊团"作用，为不断提升民族事务治理能力和完善民族事务治理体系、促进民族地区社会协调发展和维护边疆地区长治久安等重大战略问题提供政策参考和咨询服务，同时为相关学术研究提供基础信息。

责任编辑：王　辉　高　源　　　　　责任印制：孙婷婷

中国少数民族事业发展报告（2017）
ZHONGGUO SHAOSHUMINZU SHIYE FAZHAN BAOGAO（2017）

教育部人文社会科学重点研究基地中央民族大学中国少数民族研究中心
中央民族大学少数民族事业发展协同创新中心组织编写　丁宏　主编

出版发行：知识产权出版社有限责任公司	网　址：http://www.ipph.cn
电　话：010-82004826	http://www.laichushu.com
社　址：北京市海淀区气象路50号院	邮　编：100081
责编电话：010-82000860 转 8701	责编邮箱：gaoyuan1@cnipr.com
发行电话：010-82000860 转 8101	发行传真：010-82000893
印　刷：北京中献拓方科技发展有限公司	经　销：各大网上书店、新华书店及相关专业书店
开　本：880mm×1230mm　1/16	印　张：11
版　次：2018年10月第1版	印　次：2018年10月第1次印刷
字　数：149千字	定　价：45.00元

ISBN 978-7-5130-5656-4

出版权专有　侵权必究
如有印装质量问题，本社负责调换。

前　言

国务院办公厅印发的《少数民族事业"十二五"规划》指出："少数民族事业，是党和国家坚持与完善民族区域自治制度，加快少数民族和民族地区发展，保障少数民族合法权益，巩固和发展平等、团结、互助、和谐的社会主义民族关系，促进各民族共同团结奋斗、共同繁荣发展的一项综合事业。大力发展少数民族事业，是适应我国多民族基本国情的客观需要，是增进民族团结和维护社会稳定的重要保障，是实现全面建设小康社会战略任务的重要内容。少数民族事业的发展，事关各族群众的福祉，事关社会主义现代化建设的全局，事关国家团结统一和长治久安，具有重大的现实意义和深远的历史意义。"

中华人民共和国成立以后，中国共产党从中国社会实际出发，根据历史传统和各民族发展的需要，以马克思主义为原则确定了中国特色的解决民族问题的理论与政策，其目标就是要实现各民族在政治、经济和文化上的平等，实现中国各民族共同发展繁荣、共同团结进步。可以说中华人民共和国成立以来，我国各民族的经济、文化都有了空前的发展。然而，由于历史、环境等各方面因素的影响，目前少数民族经济、教育、科技等发展水平相对还比较低，民族之间、地区之间发展还很不平衡。这与少数民族的发展要求，与实现中华民族伟大复兴中国梦的目标和要求都不相适应。因而，对加强少数民族事业发展问题的研究可谓当务之急。

中央民族大学是中国少数民族教育的最高学府，在少数民族事业发展中肩负着历史重任。中央民族大学从建校之初就服务于党和国家的民族团结进步事业，特别是在承担完成民族识别、少数民族社会历史和语言调查等国家重大任务中，在创建中华民族多元一体理论、加快西部地区发展和推动出台扶持人口较少民族发展的政策研究等方面，都为中央相关政策的出台做出了不可替代的贡献。2015年，为贯彻教育部、财政部《关于实施高等学校创新能力提升计划的意见》的重要精神，按照"国家急需、世界一流"的原则，中央民族大学再一次以其民族研究的优势，以特色学科为基础，并协同我国在少数民族事业发展领域最具实力和特色的教学、研究与决策咨询机构，包括国家民族事务委员会（以下简称"国家民委"）民族问题研究中心、国家宗教事务局、国务院发展研究中心、中国社会科学院世界宗教研究所、中国社会科学院民族学与人类学研究所、西北民族大学、西南民族大学、中南民族大学、北方民族大学及大连民族大学等，组建了"少数民族事业发展协同创新中心"（以下简称"创新中心"）。"创新中心"聚焦于决定少数民族事业发展的最重要的前沿问题、核心问题，紧紧围绕"民族团结进步"这条主线，以民族团结、进步、共同繁荣发展为目标，建立了"民族团结理论与政策""和谐民族关系建设""民族地区经济发展与科技创新""民族团结教育""少数民族事业发展信息"五大平台。希望能够通过各协同单位的"强强合作"，对少数民族事业发展进行战略规划，为国家解决少数民族事业发展问题提供战略咨询、舆论引导、理论贡献、政策献言、学术支持与人才保障。2016年6月，"创新中心"通过国家民委的评审和认定。

为进一步增强协同创新能力、凝聚研究力量，2018年5月，"创新中心"与教育部人文社科重点研究基地中央民族大学中国少数民族研究中心实现合署办公，其发展定位是：聚焦民族领域的重大理论与现实问题，围绕民族地区社会稳定、经济文化发展和"一带一路"倡议等国家发展战略，开展基础性与实证性对策研究，致力建成中国少数民族事业发展的国家一流智库，并为中央民族大学"双一流"建设提供有力支持。

少数民族事业发展是一项伟大的事业，几乎包罗万象，但总结其在中国发展的历史脉络，其核心点就是"民族团结进步"。"民族团结"，就是处理好民族关系；"民族进步"，就是促进民族地区的经济发展和社会发展。民族团结进步了，少数民族事业就得到了最好的发展。这项事业为中国的强盛、为实现中华民族伟大复兴的"中国梦"做出了巨大贡献。为此，编制年度《中国少数民族事业发展报告》就是从少数民族事业发展的重要性出发，通过对少数民族各项事业发展的梳理，全面展示其成果、发展轨迹、政策导向，并在此基础上提出意见和建议，以此发挥中央民族大学中国少数民族研究中心、少数民族事业发展协同创新中心在少数民族事业发展中的"思想库"与"智囊团"作用，为国家有效处理和解决民族问题、不断提升民族事务治理能力和完善民族事务治理体系、促进民族地区社会协调发展和维护边疆地区长治久安等重大战略问题提供政策参考和咨询服务，同时为相关学术研究提供基础信息。

《中国少数民族事业发展报告》（2017）各章内容及执笔者分别如下。严庆：第一章，民族理论与民政政策梳理；杨秀明：第二章，民族地区经济；马欣：第三章，少数民族教育；马衣努·沙那提别克：第四章，少数民族语言；夏晓莉：第五章，社会与文化；马金生、文晖：第六章，科技进步与民族地区发展。全书统稿：马金生。终审：丁宏。

丁宏

2018 年 6 月 20 日

目　　录

第一章　民族理论与民族政策梳理 1

第一节　以新政策、新举措不断创新推进民族工作 1
第二节　以新起点、新自信坚持和完善民族区域自治制度 9
第三节　以新精神、新动力开启新时代民族工作局面 15
第四节　以新作为、新水平推进民族团结进步工作 19
第五节　以新动力、新节奏加快民族地区脱贫攻坚工作 23

第二章　民族地区经济 27

第一节　民族经济的基本内涵 28
第二节　2016—2017年民族经济发展情况 32
第三节　当下民族经济发展存在的问题 41
第四节　新时代民族经济发展的建议及展望 44

第三章　少数民族教育 47

第一节　少数民族教育基本情况 47
第二节　少数民族教育事业持续发展 49
第三节　少数民族教育发展面临的困难及建议 65

第四章　少数民族语言 75

第一节　少数民族语言的发展现状 75
第二节　少数民族语言政策 82
第三节　少数民族语言研究 90

第五章　社会与文化 104

第一节　2016—2017年少数民族文化事业新发展 104
第二节　2016—2017年民族地区扶贫开发与社会保障事业 118
第三节　巩固和发展民族团结进步事业的新成效 124

第六章　科技进步与民族地区发展 138

第一节　民族地区科技发展取得的成绩 139
第二节　民族地区科技发展中存在的问题 148
第三节　促进民族地区科技进步的对策与建议 159

第一章 民族理论与民族政策梳理

严 庆*

2017年是实施《中华人民共和国国民经济和社会发展第十三个五年规划纲要》[简称"十三五"规划（2016—2020年）]的重要一年，是中国共产党第十九次全国代表大会胜利召开的一年，是全国各族人民冲刺全面建成小康社会的关键一年。

在这一年，以政策出台和实施为标志，民族工作得以不断创新推进；以内蒙古自治区成立70周年大庆为标志，制度自信不断得以增强；以深入学习宣传党的十九大精神为标志，理论指导不断明确；以齐心聚力为标志，民族团结进步建设水准不断提升。

新政策、新举措、新起点、新自信、新精神、新作为、新水平、新动力、新节奏成为2017年民族理论与民族政策发展的关键词。

第一节 以新政策、新举措不断创新推进民族工作

"十三五"时期是我国全面深化改革的关键时期，也是民族地区、边境地区、全国各民族同步全面建成小康社会的决胜时期。民族工作是整个社会工作的一部分，立足民族工作领域，根据中共中央、国务院印发的《关于加强和改

---

* 严庆，中央民族大学民族学与社会学学院教授、博士生导师。

进新形势下民族工作的意见》《中华人民共和国国民经济和社会发展第十三个五年规划纲要》，编制相关规划、出台相关政策成为民族地区年度工作重点之一。特定区域的稳定与发展在我国民族工作全局中具有重要地位，需要久久为功，也需要精准发力。城市是我国民族工作的重要场域，需要深化推进，普及经验，形成良好局面。

一、出台两个"规划"

2017年1月，国务院印发《"十三五"促进民族地区和人口较少民族发展规划》，对"十三五"时期国家支持少数民族和民族地区发展、加强民族工作做出全面部署。同年5月，国务院办公厅印发《兴边富民行动"十三五"规划》，对"十三五"时期深入推进兴边富民行动，支持边境地区加快发展作出全面部署。

1. 出台民族工作领域首个国家重点规划专项——《"十三五"促进民族地区和人口较少民族发展规划》

党中央、国务院高度重视"十三五"民族工作专项规划编制工作。《"十三五"促进民族地区和人口较少民族发展规划》（以下简称《发展规划》）由国家民委牵头，国家发改委、教育部、工业和信息化部、财政部、住房城乡建设部、交通运输部、农业部、文化部、卫生计生委、人民银行、林业局、旅游局、国务院扶贫办等14个部门参加编制。①

《发展规划》体现出紧扣全面建成小康社会目标、差别化支持政策助力发展、科学设置发展目标、扶持人口较少民族发展更具针对性四个亮点。《发展规划》提出，"十三五"时期少数民族和民族地区发展的主要目标是经济持续较快发展，社会事业稳步提升，民族文化繁荣发展，生态环境明显改善，民族团结更加巩固，确保到2020年实现与全国同步全面建成小康社会。《发展规划》明确了实现地区生产总值年均增速8%以上、农村贫困人口脱贫1805万人、

---

① 2018年3月21日机构改革前的机构设置。

耕地保有量3.19亿亩等7个方面23项定量指标。

针对少数民族和民族地区全面建成小康社会的重点、难点问题，《发展规划》强调把中央大力支持与激发内生动力相结合，从推动缩小少数民族和民族地区与全国发展差距入手，提出了财政、投资、金融、产业、土地、社会、环境、人才、帮扶等九大方面的支持政策。

《发展规划》紧扣全面建成小康社会目标，提出了9方面重点任务：①全力打赢脱贫攻坚战；②促进经济跨越式发展；③优先保障和改善民生；④推进生态文明建设；⑤推进全方位开放合作；⑥促进人口较少民族加快发展；⑦加快少数民族特色村镇保护发展；⑧深入开展民族团结进步创建活动；⑨创新民族事务治理体系。

按照"十三五"时期国家支持少数民族和民族地区发展的建设重点，部署安排了少数民族特困地区和特困群体综合扶贫、民族特色优势产业振兴、少数民族特色村镇保护与发展等37个工程和项目。

《发展规划》理念新、定位准、站位高、内容实，是"十三五"时期指导少数民族和民族地区全面建成小康社会的行动纲领。

值得关注的是，《发展规划》首次将脱贫攻坚、人口较少民族、兴边富民行动、少数民族特色村镇、民族团结进步创建、民族事务治理等单列成章，充分体现了对全面贯彻落实党的民族政策的前瞻性、指导性和方向性作用。

为贯彻落实《发展规划》，促进少数民族和民族地区加快发展，各省、市、区结合自身实际，在征求多方意见的基础上制定、出台了一系列实施意见、文件政策，以确保少数民族地区与其他地区同步建成小康社会。

从省级行政区划来看，2017年2月，贵州省扶持人口较少民族发展专项建设规划领导小组印发《贵州省扶持人口较少民族发展"十三五"专项建设规划》；2017年4月，《辽宁省少数民族特色村镇保护与发展"十三五"规划》经辽宁省政府常务会议审议通过；2017年4月，河北省人民政府办公厅印发《关于促进我省少数民族和民族地区发展的实施意见》；2017年5月，辽宁省政府常务会议审议并通过《辽宁省扶持人口较少民族发展"十三五"实施意见》；2017年5月，《福建省人民政府关于贯彻国务院"十三五"促进民族地区和人口较少民族发展规划的实施意见》经福建省政府批准同意并印发实施；2017年5月，安徽省发布了安徽省人民政府办公厅关于《促进"十三五"期间少数民族和民族聚居地区加快发展的实施意见》；2017年6月，甘肃省民委、省发改委印发实施《甘肃省"十三五"扶持人口较少民族发展规划》《甘肃省"十三五"少数民族特色村镇保护与发展规划》《甘肃省"十三五"兴边富民行动规划》等三个专项规划；2017年7月，湖南省民族宗教事务委员会印发《湖南省少数民族特色村镇保护与发展"十三五"规划》；2017年7月，吉林省人民政府办公厅印发《吉林省少数民族和民族地区"十三五"发展规划》；2017年8月，经广东省政府同意，广东省民族宗教事务委员会联合省发展改革委、省住房城乡建设厅、省旅游局等部门印发《广东省少数民族特色村镇保护与发展规划（2016—2020年）》；2017年9月，天津市人民政府办公厅正式印发《天津市人民政府关于贯彻落实"十三五"促进民族地区和人口较少民族发展规划的实施意见》；2017年9月，青海省政府办公厅印发《青海省扶持人口较少民族发展规划（2016—2020年）》。

此外，云南省大理白族自治州于2017年2月印发《大理州民族村寨建设"十三五"规划（2016—2020年）》；甘肃省临夏回族自治州于2017年3月印发《"十三五"少数民族事业及扶持人口较少民族发展规划（2016—2020年）》；安徽省蚌埠市于2017年7月制定下发了《蚌埠市人民政府办公室关于促进"十三五"期间少数民族和民族聚居地区加快发展的实施方案》；河北省石家庄市于2017年8月印发了《关于促进我市少数民族和民族地方发展的实施意见》；云南省保山市于2017年8月出台《加快少数民族和民族地区经济社会发展"十三五"规划》；安徽省亳州市于2017年9月出台《亳州市人民政府办公室关于印发亳州市"十三五"促进少数民族和民族聚居地区加快发展的实施方案》。

2. 继续支持边境地区发展——《兴边富民行动"十三五"规划》

2017年5月28日,国务院办公厅印发《兴边富民行动"十三五"规划》(以下简称《富民规划》)。实施兴边富民行动,对于推动边境地区经济社会快速发展,提高各族群众生活水平,加强民族团结,巩固祖国边防,维护国家统一,增进中外睦邻友好具有特殊重要意义。

《富民规划》实施范围为我国陆地边境地区,包括内蒙古、辽宁、吉林、黑龙江、广西、云南、西藏、甘肃、新疆等9个省区的140个陆地边境县(市、区、旗)和新疆生产建设兵团的58个边境团场(以下统称边境县)。参照"十二五"期间做法,海南省6个民族自治县继续比照享受兴边富民行动相关政策。

《富民规划》分为规划背景、总体要求、主要任务和重点工程、政策措施、组织实施5部分。亮点在于维护民族团结和边防稳固;6大任务、34项工程保驾护航;强化政策举措的差别化;边境乡镇是重点,边境州市首次成为联动区。

《富民规划》提出了"边民为本,改善民生;因地制宜,分类指导;统筹兼顾,突出重点;改革创新,活边富民;军民融合,共建共享;促进团结,固边睦邻"6个方面的基本原则。确定了"综合经济实力显著增强、基础设施条件全面强化、民生保障水平不断提高、特色优势产业较快发展、沿边开放水平显著提高、实现生态良好绿色发展、确保边防安全边疆稳固"7个方面的发展目标。

《富民规划》提出的主要任务和重点工程包括:围绕强基固边推进边境地区基础设施建设;围绕民生安边全力保障和改善边境地区民生;围绕产业兴边大力发展边境地区特色优势产业;围绕开放睦边着力提升沿边开发开放水平;围绕生态护边加强边境地区生态文明建设;围绕团结稳边通力维护民族团结和边防稳固。

《富民规划》提出的政策措施具体包括边民扶持政策、财政政策、金融政策、土地政策、社会保障政策、资源开发与生态保护补偿政策、对口支援政策7个方面。

3. 政策聚力，补短板，促发展

科学编制两个"规划"，是深入贯彻中央民族工作会议精神的重要举措；是全面落实《中华人民共和国国民经济和社会发展第十三个五年规划纲要》的重要载体；是贯彻落实习近平总书记关于"全面实现小康，少数民族一个都不能少，一个都不能掉队"思想的重要体现；对于巩固和发展平等、团结、互助、和谐的社会主义民族关系，促进少数民族和民族地区加快发展，进一步开创民族工作新局面，确保2020年少数民族和民族地区与全国同步实现全面建成小康社会，意义重大，影响深远。

《"十三五"促进民族地区和人口较少民族发展规划》是民族工作领域首个国家重点规划专项，这一专项将促进民族地区发展和促进人口较少民族发展结合在一起，既体现了对区域性发展的重视，又体现了对人口较少民族这些特定群体发展的重视，是政策合力与政策针对性的结合。

为了促进人口较少民族的发展，2009年由国家民委、国家发改委、财政部、中国人民银行和国务院扶贫办联合编制《扶持人口较少民族发展规划（2005—2010年）》（根据2000年第五次全国人口普查，人口较少民族确定为人口在10万人以下的22个少数民族，总人口63万人）并得以顺利实施。在2011年编制的《扶持人口较少民族发展规划（2011—2015年）》中，人口较少民族是指全国总人口在30万人以下的28个民族，总人口为169.5万人。

为了促进边境地区的发展，2000年党中央、国务院正式启动兴边富民行动，并指导相关省、自治区出台当地的兴边富民行动"十五""十一五"规划。2011年6月，国务院办公厅印发《兴边富民行动规划（2011—2015年）》，将边境地区发展上升为国家关切和统一部署。

专项政策瞄准特定、特殊的政策客体，属于补短板、促发展、保整体的针对性举措。

4. 部分省级政府颁布《"十三五"少数民族事业发展规划》

继2016年部分省区市出台当地"十三五"少数民族事业发展规划之后，

2017年3月，《浙江省少数民族事业发展"十三五"规划》正式发布实施，贵州省民宗委和省发展改革委发布实施了《贵州省"十三五"少数民族事业发展规划》，《湖南省"十三五"少数民族事业发展规划》发布实施；2017年4月，《江西省少数民族事业发展"十三五"规划》发布实施；2017年9月，湖北省政府审核通过了《少数民族事业发展"十三五"规划》。

二、贯彻落实全国城市民族工作会议精神

2016年1月5日至6日全国城市民族工作会议在京召开。时任中共中央政治局常委、全国政协主席俞正声作出批示。他指出，做好城市民族工作，是加强和改进新形势下民族工作和城市工作的重要内容。要全面贯彻中央民族工作会议和中央城市工作会议精神，坚持中国特色解决民族问题的正确道路，依法管理城市民族事务，以保障各民族合法权益为核心，以做好少数民族流动人口服务管理为重点，以推动建立相互嵌入的社会结构和社区环境为抓手，推进城市民族工作制度化、规范化、精细化，让城市更好接纳少数民族群众、让少数民族群众更好融入城市，切实加强各民族交往、交流、交融。各级党委和政府要高度重视城市民族工作，加强和改进领导，健全体制机制和工作格局，为推动中华民族一家亲、同心共筑中国梦做出新的贡献。

为了进一步贯彻会议精神，推进城市民族工作不断发展，2017年6月6日至7日，贯彻落实全国城市民族工作会议精神经验交流会在南京市召开。[1]31个省、自治区、直辖市，新疆生产建设兵团和15个副省级省会城市、计划单列市民族工作部门有关负责同志，中央和国家机关有关部门同志，共60余人参加会议。

会议认为，党的十八大以来，以习近平同志为核心的党中央高度重视城市民族工作。习近平总书记在中央民族工作会议的重要讲话中，对城市民族工作作了专门强调。俞正声同志多次作出重要批示、指示。刘延东同志在2016年召开的全国城市民族工作会议上也就此提出了明确要求。

---

① 施萱.贯彻落实全国城市民族工作会议精神经验交流会召开[N].南京日报，2017-06-08.

会议认为，当前城市民族工作面临的形势还很复杂，有些老的热点难题还没有得到根本解决，新情况、新问题仍在不断出现，一方面，事关少数民族融入城市难的问题比较突出；另一方面，城市民族事务治理体系和治理能力现代化建设亟待加强，尤其是应对和利用网络等新媒体的水平需要进一步提升。

会议要求，各地民族工作部门要进一步准确把握全国城市民族工作会议精神实质，着眼城市工作和民族工作两个大局，转作风、转职能、转方式，不断推进城市民族工作新发展。一是要着力解决思想观念滞后的问题，强化大局意识、服务意识、法治意识、创新意识；二是要着力坚持"精准化"的思路，提供均等化的基本公共服务；三是要着力应对"网络化"的挑战，营造风清气正的舆论环境；四是要着力夯实"法制化"基础，依法治理城市民族事务；五是要着力抓好统筹协调，健全城市民族工作体制机制。

三、不断推进民族自治州全面建成小康社会

2017年7月16日至17日，第三届全国民族自治州全面建成小康社会经验交流现场会在青海省海西蒙古族藏族自治州召开。

国家民委主任、党组书记巴特尔出席会议并讲话，强调要深入学习贯彻习近平总书记关于民族工作重要思想，进一步提高思想认识、增强信心决心，全面实施好"十三五"规划，确保自治州如期打赢脱贫攻坚战、同步全面建成小康社会，为"中华民族一家亲，同心共筑中国梦"做出应有贡献。

巴特尔指出，学习好、宣传好、贯彻好习近平总书记关于民族工作重要思想，是当前和今后一段时期民族工作的重要政治任务。要深刻认识同步实现小康论的要义，明确"一个民族都不能少"的总体目标，树立"各民族都是一家人，一家人都要过上好日子"的理念。坚持同步小康不是同一水平、同一模式小康的科学标准，把打赢脱贫攻坚战作为首要任务，把解决发展不平衡不协调不可持续问题作为核心要求，以守好民族团结生命线为根本条件，以实施完善好差别化支持政策为政策保障，以发挥中央、发达地区、民族地区三个积极性

为力量支撑，为推进脱贫奔小康打牢思想基础。

巴特尔指出，当前，自治州发展形势喜人，干劲很足，前景光明。一是政策环境优越，"十三五"总体规划和相关专项规划为脱贫奔小康提供了行动纲领和基本保证。二是后发优势显著，特别是基础设施的改善、新发展理念的落实为后发赶超提供了可能。三是攻坚经验丰富，在实践中形成的体制机制、办法举措正在转化为脱贫奔小康的实效。同时，也要清醒地看到，自治州面积大，但经济总量小；总人口较多，但城乡居民收入少；贫困人口占比高，同时贫困群众自主脱贫能力低；脱贫奔小康意愿很强，但自我发展能力相对较弱。自治州要增强主人翁意识，增强使命感、紧迫感，立非常之志、行非常之举、建非常之功。

巴特尔强调，在推进自治州脱贫奔小康的过程中，做任何工作都要紧紧围绕服从、服务于"中华民族一家亲，同心共筑中国梦"这一目标任务，使发展落实到解决区域性共同问题、增进群众福祉、促进民族团结上。当前和今后一段时期，要朝着争创精准扶贫先行区、跨越式发展样板区、生态文明建设标杆区、民族团结进步示范区、社会治理创新区"五个区"的方向努力。

巴特尔强调，民族地区脱贫奔小康，离不开党的集中统一领导，离不开各族干部群众的团结奋斗。要树立超前意识，做到高起点谋划、高水平投入、高标准建设，推动自治州迈向现代化、走向全国、走向世界。要狠抓政策落地，最大限度释放政策红利，加强监督检查。要拓宽工作格局，健全完善党委领导、政府负责、各部门协同配合、全社会通力合作的大格局。要强化干部队伍，锻造出一支靠得住、本领强、作风硬的干部人才队伍。

第二节　以新起点、新自信坚持和完善民族区域自治制度

2017年，内蒙古自治区成立70周年，"组织好内蒙古自治区成立70周年庆祝活动"被写入国务院2017年政府工作报告。内蒙古自治区取得的辉煌成就表明，用民族区域自治的政策、制度解决中国的民族问题是正确的。

一、六个民族自治地方分别举行庆祝活动

1. 庆祝内蒙古自治区成立70周年大会召开

2017年8月8日下午，庆祝内蒙古自治区成立70周年大会在内蒙古少数民族群众文化体育运动中心隆重举行。中共中央、全国人大常委会、国务院、全国政协、中央军委发来贺电。①

时任中共中央政治局常委、全国政协主席、中央代表团团长俞正声发表了热情洋溢的讲话。俞正声说，70年前，在中国共产党领导下，内蒙古自治区宣告成立。这是马克思主义基本原理同中国革命、中国民族实际相结合的伟大创举，开启了内蒙古发展的新纪元，创造了我国实行民族区域自治制度的成功范例，谱写了我国民族关系史的光辉篇章。70年来，特别是改革开放以来，内蒙古各项事业跨越发展，取得了举世瞩目的辉煌成绩，经济实力显著增强，基础设施大幅改善，人民生活蒸蒸日上，民族文化繁荣发展，民族关系团结和谐，党的建设与时俱进。这是内蒙古发展史上的巨大跨越，是中国特色解决民族问题正确道路的成功实践，是中国特色社会主义的伟大胜利。

俞正声指出，内蒙古自治区70年来取得的辉煌成就，离不开以毛泽东、邓小平、江泽民同志为核心的党的三代中央领导集体和以胡锦涛同志为总书记的党中央在各个历史时期的关心关怀，离不开党的十八大以来以习近平同志为核心的党中央对内蒙古工作的悉心指导，离不开全国各族人民的真情帮助和自治区各族干部群众的不懈奋斗。事实证明，做好内蒙古各项工作，必须坚持中国共产党的领导，必须坚持和发展中国特色社会主义，必须坚持走中国特色解决民族问题的正确道路，必须坚持解放和发展生产力，必须坚持国家利益和中华民族利益高于一切。

俞正声强调，我国已进入全面建成小康社会决胜阶段，内蒙古也正处于发展的关键时期。党中央殷切希望，内蒙古各族干部群众全面贯彻党的十八大和

---

① 杨维汉，荣启涵，刘懿德. 内蒙古各族各界隆重庆祝自治区成立七十周年[N]. 光明日报，2017-08-09.

十八届三中、四中、五中、六中全会精神，深入贯彻习近平总书记系列重要讲话精神和治国理政新理念新思想新战略，统筹推进"五位一体"总体布局和协调推进"四个全面"战略布局，牢固树立"四个意识"，不忘初心、守望相助、团结奋斗，坚定不移坚持和完善民族区域自治制度，确保同全国一道全面建成小康社会，着力保障和改善民生，大力促进民族团结、边疆巩固，努力把祖国北疆亮丽风景线打造得更加美好，为"建设亮丽内蒙古，共圆伟大中国梦"做出新的更大贡献。

俞正声最后说，70年的伟大实践和辉煌成就已经载入史册，更加美好的前景需要我们继续共同创造。让我们更加紧密地团结在以习近平同志为核心的党中央周围，高举中国特色社会主义伟大旗帜，坚持以邓小平理论、"三个代表"重要思想、科学发展观为指导，深入贯彻习近平总书记系列重要讲话精神和治国理政新理念新思想新战略，认真贯彻党中央关于内蒙古工作的大政方针，勠力同心，奋勇前进，以内蒙古各项事业发展的新成绩迎接党的十九大胜利召开，为决胜全面建成小康社会、为实现中华民族伟大复兴的中国梦而不懈奋斗。

内蒙古自治区党委书记、人大常委会主任李纪恒在大会上发言说："内蒙古自治区走过的70年，是党的民族政策伟大胜利的70年，是我国民族区域自治制度成功实践的70年，是全区各族人民信念坚定跟党走的70年。"

他进一步谈到，习近平总书记考察内蒙古时的重要讲话和"建设亮丽内蒙古，共圆伟大中国梦"的题词，为内蒙古自治区进一步明确了奋斗目标和前进方向。

2.两个自治州组织州庆活动

2017年9月13日，云南省迪庆藏族自治州成立60周年庆祝大会在香格里拉民族体育场隆重举行。全国人大常委会、国务院向迪庆藏族自治州发贺电。中央有关部门祝贺团团长张京泽，云南省祝贺团团长、省委常委、省委副书记李秀领在庆祝大会上致辞。

2017年9月20日，湖南省湘西土家族苗族自治州成立60周年庆祝大会在湘西州吉首市湘西州文化体育会展中心隆重举行。全国人大常委会、国务院向湘西土家族苗族自治州发贺电。中央有关部门祝贺团团长刘慧，湖南省祝贺团团长、湖南省委书记杜家毫在庆祝大会上致辞。

3. 三个自治县组织县庆活动

2017年9月22日，湖南靖州苗族侗族自治县各族群众隆重集会，载歌载舞喜迎自治县成立30周年。2017年9月23日，湖南芷江侗族自治县各族干部群众隆重庆祝自治县成立30周年。2017年11月12日，贵州三都水族自治县各族干部群众隆重庆祝自治县成立60周年。全国人大民族委员会、国家民族事务委员会联合向三个自治县庆祝大会发来贺电。

二、坚持民族区域自治制度自信

2017年8月8日，《中国民族》刊发巴特尔署名文章《坚持好完善好落实好民族区域自治制度——庆祝内蒙古自治区成立70周年》。①

文章指出，1947年5月，我国第一个省级民族自治地方——内蒙古自治区成立，标志着内蒙古发展进入了新纪元，也标志着我们党开启了实行民族区域自治的光辉历程。内蒙古自治区成立以来的70年，是民族区域自治制度开花结果、茁壮成长的70年，是民族区域自治制度不断发展完善、展现出强大生命力和优越性的70年，也是民族区域自治制度维护团结统一、促进区域互助合作和各民族共同繁荣发展的70年。经过70年的发展，民族区域自治制度作为中国特色解决民族问题的基本制度安排，已成为一项基本政治制度。

民族区域自治是伟大创举。对于一个多民族国家来说，采取什么样的国家结构形式来处理国内民族问题，关乎国家的长治久安和各民族的前途命运。1945年10月，党中央在《关于内蒙工作的意见》中提出在内蒙古实行民族区域自治。经过内蒙古的成功实践，中华人民共和国成立前夕，中国人民政治协商会议通过具有临时宪法性质的共同纲领，正式确认实行民族区域自治。这标

---

① 巴特尔. 坚持好完善好落实好民族区域自治制度——庆祝内蒙古自治区成立70周年[N]. 人民日报，2017-08-08.

志着我们党最终做出了在单一制国家内实行民族区域自治的正确抉择，探索出了一条中国特色解决民族问题的正确道路。实行民族区域自治，是对马克思主义民族理论的运用和发展。

实行民族区域自治，是对我国传统治理体制的超越。实行民族区域自治，不是"飞来峰"，而是中华政治文明内生性演化的结果。我们党实行的民族区域自治，既继承了"天下一统""因俗而治"的政治传统，又实现了各民族一律平等、共同当家作主，有利于各族人民把爱祖国与爱家乡、爱中华民族与爱本民族有机结合起来，从根本上超越了传统治理体制。

实行民族区域自治，是我们党对任何形式民族自决的摒弃。我们党深刻认识到民族自决可能导致的分裂危险。1946年2月，党中央明确指示：内蒙古工作，根据和平建国纲领中关于民族平等自治的要求，不应提独立自决口号。后来在起草共同纲领和1954年宪法的过程中，毛泽东同志、周恩来同志一再告诫，苏联加盟共和国或自治共和国模式不适合中国国情，也不利于防止外部势力利用民族问题挑拨离间。从民族区域自治提出、确定的过程可以看出，我们党对基于民族自决的苏联模式的摒弃是高度自觉的。

总的来看，实行民族区域自治，发源于马克思主义民族理论，根植于中国传统政治文明，立足于我国基本国情，是尊重历史、合乎国情、顺应民心的正确抉择，是我们党经过长期探索、反复比较而做出的伟大创举。

习近平总书记指出，同世界上其他国家相比，我国民族工作做得都是最成功的。我们要增强中国特色解决民族问题的道路自信、理论自信、制度自信、文化自信，毫不动摇地坚持和完善民族区域自治制度，不断为解决世界民族问题提供中国方案、贡献中国智慧。

继内蒙古自治区之后，我国先后又成立了新疆、广西、宁夏、西藏4个自治区，以及30个自治州和120个自治县，使民族自治地方面积达到全国国土总面积的64%。70年来，我们党全面正确实行民族区域自治，国家大力支持民族自治地方行使自治权，使我国少数民族、民族地区、民族关系的面貌发生了翻天覆地的变化，积累了许多宝贵经验。这就是，必须始终坚持中国共产党的领导，这是正确实行民族区域自治的根本政治保证；必须切实维护国家统一和民族团结，这是民族区域自治的前提、基础和基本功能，也是国家最高利益和各民族的共同利益、根本利益；必须创造性地贯彻落实党和国家政策，这是民族区域自治成功的关键。

进一步发挥好民族区域自治制度的优越性。民族区域自治是党的民族政策的源头，我们的民族政策都是由此而来、依此而存的，动摇不得、折腾不起。牢牢把握正确的政治方向，就是坚持中国特色社会主义，不断增强坚持和完善民族区域自治的"四个自信"。大力帮助民族自治地方发展经济、改善民生，这是落实民族区域自治制度的关键。坚持用法律保障民族团结、巩固国家统一，这是落实民族区域自治制度的重点。

选择民族区域自治作为内蒙古民族解放运动的根本道路是延安时期中国共产党深入研究我国民族问题的特点和规律的必然结果，那么内蒙古自治区的成立则为中国共产党把民族区域自治作为解决民族问题的基本政治制度奠定了必要和重要的实践基础。

三、民族自治地方新时代的发展从新的起点出发

内蒙古自治区是我国建立的第一个省级自治地方，自治区成立70多年来，在党中央、国务院的正确领导下，在党的民族政策支持下，内蒙古各族人民不断把各项事业推向前进。

2016年，地区生产总值达到1.86万亿元，位居西部省区前列，人均生产总值达到74 069元，居全国第六位。第一、二、三产业实现协同发展。基础设施明显改善，铁路、公路、航空、市政、水利、能源、信息通信等现代基础设施网络体系日益健全。2016年，城镇居民人均可支配收入由1978年的301元增加到32 975元，农牧民人均可支配收入由131元增加到11 609元。脱贫攻坚成效显著，目前全区贫困人口减至55.6万人。此外，教育、住房、科技、

医疗、体育等各项社会事业稳步推进,实现全面进步。①

内蒙古坚持和完善民族区域自治制度,全面贯彻执行《民族区域自治法》,用足、用活、用好国家赋予民族地区的自主权和各项优惠政策。深入持久地开展民族团结进步宣传教育和创建活动,"三个离不开"的思想深入人心,各族人民拧成一股绳,共创美好生活。

内蒙古大力弘扬中华民族优秀传统文化,确定每年9月6日为"草原文化遗产保护日",设立专项资金扶持蒙古语言文字信息化建设。

内蒙古自治区成立70多年来,特别是改革开放以来,各族群众生活实现了由温饱不足向全面小康迈进的历史性转变。内蒙古坚持环境保护与建设并举,相继启动京津风沙源治理、三北防护林、退牧还草、退耕还林等重点生态工程,坚决守住生态底线,筑牢了我国北方重要的生态安全屏障。

70多年的发展,证明了民族区域自治制度的优越性。70多年的发展,为内蒙古的新发展打下了基础。70多年的发展,成为内蒙古新时代发展的新起点。

第三节 以新精神、新动力开启新时代民族工作局面

2017年10月18日至24日,中国共产党第十九次全国代表大会在北京举行。这是在全面建成小康社会决胜阶段、中国特色社会主义发展关键时期召开的一次十分重要的大会。大会承担着谋划决胜全面建成小康社会、深入推进社会主义现代化建设的重大任务,事关党和国家事业继往开来,事关中国特色社会主义前途命运,事关最广大人民根本利益。大会的主题是:不忘初心,牢记使命,高举中国特色社会主义伟大旗帜,决胜全面建成小康社会,夺取新时代中国特色社会主义伟大胜利,为实现中华民族伟大复兴的中国梦不懈奋斗。

---

① 在庆祝内蒙古自治区成立70周年之际,2017年8月4日上午,内蒙古自治区政府新闻办公室召开新闻发布会,通报了内蒙古自治区70年来经济社会发展基本情况。详见http://www.nmg.gov.cn/fabu/xwfbh/201708/t20170804_632660.html。

一、党的十九大报告有关民族工作的重要论述

在习近平总书记所做的十九大报告中,首次提出"新时代中国特色社会主义思想",这是我国发展新的历史方位。同时,总书记在报告中提出了具有全局性、战略性、前瞻性的行动纲领,具有划时代的里程碑意义。其中,涉及民族工作的主要内容有以下方面。

1. 总结成绩部分

①民族宗教工作创新推进。

②人民生活不断改善。……教育事业全面发展,中西部和农村教育明显加强。

③这个新时代……是全国各族人民团结奋斗、不断创造美好生活、逐步实现全体人民共同富裕的时代。

2. 部署工作部分

①实现伟大梦想,必须进行伟大斗争。……更加自觉地维护我国主权、安全、发展利益,坚决反对一切分裂祖国、破坏民族团结和社会和谐稳定的行为。

②党的十八大以来,国内外形势变化和我国各项事业发展都给我们提出了一个重大时代课题,这就是必须从理论和实践结合上系统回答新时代坚持和发展什么样的中国特色社会主义、怎样坚持和发展中国特色社会主义……并且要根据新的实践对经济、政治、法治、科技、文化、教育、民生、民族、宗教、社会、生态文明、国家安全、国防和军队、"一国两制"和祖国统一、统一战线、外交、党的建设等各方面作出理论分析和政策指导,以利于更好坚持和发展中国特色社会主义。

③坚持人民当家作主……必须坚持中国特色社会主义政治发展道路,坚持和完善人民代表大会制度、中国共产党领导的多党合作和政治协商制度、民族区域自治制度、基层群众自治制度。

④实施区域协调发展战略……加大力度支持革命老区、民族地区、边疆地区、贫困地区加快发展,强化举措推进西部大开发形成新格局,深化改革加快

东北等老工业基地振兴，发挥优势推动中部地区崛起，创新引领率先实现东部地区优化发展，建立更加有效的区域协调发展新机制……加快边疆发展，确保边疆巩固、边境安全。

⑤推动形成全面开放新格局……优化区域开放布局，加大西部开放力度。

⑥巩固和发展爱国统一战线。……全面贯彻党的民族政策，深化民族团结进步教育，铸牢中华民族共同体意识，加强各民族交往交流交融，促进各民族像石榴籽一样紧紧抱在一起，共同团结奋斗、共同繁荣发展。

⑦加强思想道德建设。……弘扬民族精神和时代精神，加强爱国主义、集体主义、社会主义教育，引导人们树立正确的历史观、民族观、国家观、文化观……弘扬科学精神，普及科学知识，开展移风易俗、弘扬时代新风行动，抵制腐朽落后文化侵蚀。

⑧坚决打赢脱贫攻坚战。……深入实施东西部扶贫协作，重点攻克深度贫困地区脱贫任务，确保到2020年我国现行标准下农村贫困人口实现脱贫，贫困县全部摘帽，解决区域性整体贫困，做到脱真贫、真脱贫。

⑨实施健康中国战略……坚持中西医并重，传承发展中医药事业。

⑩有效维护国家安全。……严密防范和坚决打击各种渗透颠覆破坏活动、暴力恐怖活动、民族分裂活动、宗教极端活动。

⑪加大生态系统保护力度。……严格保护耕地，扩大轮作休耕试点，健全耕地草原森林河流湖泊休养生息制度，建立市场化、多元化生态补偿机制。

⑫建设高素质专业化干部队伍。……统筹做好培养选拔女干部、少数民族干部和党外干部工作。

⑬人才是实现民族振兴、赢得国际竞争主动的战略资源。……鼓励引导人才向边远贫困地区、边疆民族地区、革命老区和基层一线流动。

⑭全党一定要自觉维护党的团结统一，保持党同人民群众的血肉联系，巩固全国各族人民大团结，加强海内外中华儿女大团结，团结一切可以团结的力量，齐心协力走向中华民族伟大复兴的光明前景。

新时代的民族工作更具有了广义民族工作的特点，民族因素越来越多地嵌合在不同的领域，民族工作的普遍性特征也越发凸显。同时，民族团结进步教育也越来越需要进一步凸显公约数，不断提升中华民族的凝聚力。

二、深入学习习近平民族工作思想

1. 召开首都少数民族人士学习党的十九大精神座谈会

2017年11月2日上午，中央统战部、国家民委在北京民族文化宫召开首都少数民族人士学习党的十九大精神座谈会，首都各界少数民族代表围绕学习十九大精神畅谈心得体会，中央统战部副部长、国家民委主任巴特尔主持会议并讲话。才让、海霞、景宜、敖虎山、蒙曼、金莲淑、马新明、海丽曼、伊丽苏娅、朝克等10位少数民族人士代表先后在座谈会上作了发言。

2. 国家民委召开专题决策咨询会

2017年11月2日上午，国家民委在京召开"学习贯彻十九大精神，做好新时代民族工作"专题决策咨询会。国家民委副主任石玉钢主持会议。6位国家民委决策咨询委员会成员从不同角度提出了意见和建议。

3. 成立"习近平新时代民族工作思想研究中心"

2017年11月3日下午，国家民委民族理论政策研究基地"习近平新时代民族工作思想研究中心"在中央民族大学举行挂牌仪式。习近平新时代民族工作思想内涵十分丰富，需要深刻领会和把握。精准、科学地阐述"习近平新时代民族工作思想"能够为国家民族工作的具体实践提供理论基础和理论指导。

4. 举办全国民委系统学习贯彻党的十九大精神专题研讨班

国家民委于2017年11月13日至18日在中央民族干部学院举办全国民委系统学习贯彻党的十九大精神专题研讨班。研讨班的学员主要是各省区市、副省级城市和新疆生产建设兵团民委主任，部分市（地、州、盟）新任民委主任，委机关各部门、直属各单位主要负责人，共200人。国家民委主任、党组书记巴特尔出席开班式并作辅导报告。

5. 学术界积极研究习近平民族工作思想

2017年度产生了30多篇研究习近平民族工作思想的学术成果，其中代表性的文章有国家民委主任巴特尔的《以习近平新时代中国特色社会主义思想为指引，做好新时代民族工作》①、郝时远的《习近平民族工作思想述论》②、毛胜的《坚定不移走中国特色解决民族问题的正确道路——学习习近平关于新形势下民族工作的重要论述》③、刘宝明的《向习近平总书记学做民族工作》④等。

第四节 以新作为、新水平推进民族团结进步工作

深入开展民族团结进步创建活动是一项重要的民族工作内容。2017年习近平总书记分别给库尔班大叔的后人、玉麦乡牧民卓嘎姐妹回信，关怀传递边疆，深情渗入基层。全国民族团结进步创建经验交流现场会的召开则进一步激发出创建创新工作的积极性。新媒体和互联网也为推进民族团结进步工作提供了新时代的载体。

一、总书记给基层民族团结进步代表回信

习近平总书记给库尔班大叔的后人的回信

托乎提汗：

你好！看了你的孙女如克亚木的来信，得知你年近90身板还很硬朗，得知你们一大家100多人都过上了幸福生活，我非常高兴。

咱们新疆好地方，民族团结一家亲。库尔班·吐鲁木是新疆各族人民的优

---

① 巴特尔.以习近平新时代中国特色社会主义思想为指引，做好民族工作[J].中国民族，2017，21（专1）：26-29.
② 郝时远.习近平民族工作思想述论[N].中国民族报，2017-07-07.
③ 毛胜.坚定不移走中国特色解决民族问题的正确道路——学习习近平关于新形势下民族工作的重要论述[J].党的文献，2017（4）.
④ 刘保明.向习近平总书记学做民族工作[N].中国民族报，2017-10-19.

秀代表，我小时候就听说过他爱党爱国的故事，让人十分感动。多年来，你一直坚持你父亲爱党爱国的情怀，给后辈和乡亲们树立了榜样。希望你们全家继续像库尔班大叔那样，同乡亲们一道，做热爱党、热爱祖国、热爱中华民族大家庭的模范，促进各族群众像石榴籽一样紧紧抱在一起，在党的领导下共同创造新疆更加美好的明天。

祝你健康长寿、阖家幸福，也请代问家人和乡亲们好！

习近平
2017 年 1 月 11 日

习近平总书记给西藏隆子县玉麦乡牧民卓嘎、央宗姐妹的回信

卓嘎、央宗同志：

你们好！看了来信，我很感动。在海拔3600多米、每年大雪封山半年多的边境高原上，你们父女两代人几十年如一日，默默守护着祖国的领土，这种精神令人钦佩。我向你们、向所有长期为守边固边忠诚奉献的同志，表示崇高的敬意和衷心的感谢。

家是玉麦，国是中国，放牧守边是职责，你们这些话说得真好。有国才能有家，没有国境的安宁，就没有万家的平安。祖国疆域上的一草一木，我们都要看好守好。希望你们继续传承爱国守边的精神，带动更多牧民群众像格桑花一样扎根在雪域边陲，做神圣国土的守护者、幸福家园的建设者。

十九大刚刚召开，党将带领各族群众创造更加美好的生活。我相信，在大家的共同努力下，玉麦这个曾经的"三人乡"，一定能建成幸福、美丽的小康乡，乡亲们的日子也一定会越过越红火！

习近平
2017 年 10 月 28 日

二、召开全国民族团结进步创建经验交流现场会

2017年6月25日,全国民族团结进步创建经验交流现场会在内蒙古兴安盟召开,时任中共中央政治局委员、国务院副总理刘延东出席会议并讲话。她强调,要贯彻落实党中央国务院决策部署,深入开展民族团结进步创建,巩固和发展社会主义民族关系,广泛凝聚各民族的智慧和力量,为实现中华民族伟大复兴中国梦做出新贡献。

刘延东指出,党的十八大以来,以习近平同志为核心的党中央对新形势下民族工作提出一系列新理念新思想新战略,为推进民族团结进步事业指明了方向。开展民族团结进步创建是中国特色解决民族问题正确道路的重要组成部分,对于增强中华民族凝聚力向心力意义重大。各地各部门要围绕"中华民族一家亲、同心共筑中国梦"的总目标,贯彻人文化、大众化、实体化要求,丰富创建内涵,提升工作效能,发挥好典型示范作用。要与推动民族地区发展相结合,精准帮扶、政策倾斜,增强自我发展能力,加快脱贫致富奔小康步伐。要大力改善少数民族和民族地区教育、医疗、就业等民生,推进基本公共服务均等化,让各族群众得实惠、心连心。要促进各民族交往交流交融,推动形成相互嵌入式的社会结构和社区环境,创造共居、共学、共事、共乐的社会条件,让各族群众在中华民族大家庭中手足相亲、守望相助。要依法治理民族事务,用宪法、法律保障民族团结和谐。要健全共创联动格局,重在平时,重在交心,提高创建工作水平,以优异成绩迎接党的十九大胜利召开。

2017年6月26日下午,全国民族团结进步创建经验交流现场会总结会在内蒙古自治区兴安盟举行。中央统战部副部长、国家民委主任巴特尔作总结讲话,要求从6个方面抓好会议精神的贯彻落实:一是要自觉提高创建站位,深刻领会中央关于创建工作的新精神新要求。二是要不断丰富创建内涵。三是要持续创新创建方式方法,切实提高创建工作的含金量、关注度和吸引力。四是要提高创建规范度,着力推动创建工作法治化、精准化、常态化。五是要增强创建实效。六是要凝聚创建合力,形成全社会共同关注、关心和支持创建工作

的良好氛围。

民族团结进步创建是我国民族团结进步事业的重要举措和有效载体，历来得到党和国家的高度重视。这次会议旨在把党的十八大以来我国民族团结进步事业取得的好形势、好局面全面推向前进、不断创新发展。同时要克服一些地方创建工作与中心工作结合不紧、内容形式单一、试点示范作用发挥不明显等问题。

会议提出坚持"中华民族一家亲，同心共筑中国梦"总目标，坚持"建设小康同步、公共服务同质、法制保障同权、民族团结同心、社会和谐同创"总任务，坚持"人文化、大众化、实体化"总要求。创建工作要紧紧围绕学习贯彻习近平总书记关于民族工作重要论述精神、加快民族地区脱贫奔小康步伐、改善民族地区和少数民族群众民生、促进各民族交往交流交融、推动中华民族共有精神家园建设、提高民族事务依法治理能力等6项重点任务来开展。

三、借助新媒体倡导以自我反思的形式促进民族团结进步

2017年3月，有关公众号推送了和田地区于田县加依乡党委副书记、乡长吾布力喀斯木·买吐送撰写的《致维吾尔族同胞觉醒书》；新疆共青团公众号相继推送《五问维吾尔青年》《我们维吾尔族同胞应该深刻反思》《五问新疆汉族青年》等文章，这些文章依托新媒体（尤其是青年人使用普遍）得以迅速、广泛传播，在社会上引起了强烈反响。

《致维吾尔族同胞觉醒书》等文章在微信平台上得以广泛传播，范围早已超出新疆，文章内容触及心灵，引发自问，使阅读者得到了自我教育，在社会上激发出促进民族理解和民族团结的正能量。这是一种有益、有效的民族团结进步活动的创新。这种多民族、全社会的自我反思消除了"两面人"表面应付、"沉默人"失语无为的负面影响，优化了社会氛围。通过民族成员的自觉、自我反思实现一个民族在思想、行动的进步，有助于促进民族团结。

四、四部门组织民族法律知识有奖竞答活动

2017年10月9日至19日,国家民委、司法部、共青团中央和全国普法办共同主办了"喜迎十九大、共筑中国梦"民族法律知识有奖竞答活动。本次活动历时10天,有189万余人次在相关网站和微信公众号上参与答题。

此次活动得到了各地区、各部门及相关媒体的大力支持,社会各界踊跃参与。国家民委、司法部、共青团中央和全国普法办公室协调配合,保障了活动有序推进;各地民委、司法局、团委、普法办也通过官方网站、"两微一端"广泛宣传,实现了全国各省、自治区、直辖市活动全覆盖;国家民委所属院校也组织各族师生积极参加;《人民日报》、新华社、中央电视台等19家中央媒体对活动进行了报道,中国网、新华网等网站和国家民委官方微信、中国普法官方微信、共青团中央官方微信在活动期间持续进行推送并提供答题入口。

该活动是推动落实"七五"普法的一项重要举措,比较全面、系统地宣传了习近平总书记关于民族事务法治化的新论断、新思想、新部署,以及党和国家的民族法律法规和民族政策。

五、云南省通过《云南民族团结进步示范区建设规划(2016—2020年)》

2017年1月10日,云南省委常委审议通过《云南民族团结进步示范区建设规划(2016—2020年)》,该规划旨在贯彻落实以习近平同志为核心的党中央关于"把云南建设成为我国民族团结进步示范区"的重要部署,让示范区建设实体化、工程化、项目化,进一步明确各级各部门职责任务,广泛动员各族群众共建共享。

第五节 以新动力、新节奏加快民族地区脱贫攻坚工作

民族地区大多存在贫困面广、贫困程度深、脱贫成本高、致贫原因复杂等问题,是脱贫攻坚工作的重点、难点、焦点。截至2016年年底,全国农村贫

困人口还有4335万人，其中贫困人口规模在300万人以上的省份还有6个（贵州、云南、河南、湖南、广西、四川）。距2020年还有不到4年时间，平均每年需减少贫困人口近1100万人，越往后脱贫成本越高、难度越大；深度贫困地区攻坚任务重。西藏和四省藏区、南疆四地州、四川凉山、云南怒江、甘肃临夏等深度贫困地区，生存环境恶劣，致贫原因复杂，交通等基础设施和教育、医疗公共服务缺口大。2016年年底，全国贫困发生率高于10%的省份有5个（西藏、新疆、贵州、甘肃、云南），贫困发生率超过20%的县和贫困村分别有100多个和近3万个；因病致贫占比高。建档立卡数据显示，贫困人口中因病致贫比例从2015年的42%上升到2016年的44%，医疗支出负担重，解决这些人的贫困问题，成本更高，难度更大。

2017年，围绕少数民族和民族地区脱贫攻坚问题，一些地方出台了专门政策。从省级行政单位来看，1月，河南省民委研究通过了《关于进一步推进全省少数民族和民族聚居地区脱贫攻坚工作的意见》，从开展扶贫工作调研、实施项目联动、开展结对帮扶、适时召开会议总结脱贫攻坚经验等方面提出具体措施。2月，宁夏回族自治区发布"十三五"脱贫攻坚行动指南，确保到2020年58.12万农村建档立卡贫困人口全部脱贫，800个贫困村全部销号，9个贫困县全部摘帽，贫困村、贫困县贫困发生率下降到3%以内。3月，河北省民宗厅制定出台了《关于民族地区脱贫攻坚专项行动实施方案》，明确了本年度民族地区脱贫攻坚工作具体步骤和推进措施，细化了11项具体举措。4月，河南省民委印发了《2017年少数民族贫困村脱贫攻坚工作方案》，强调全省少数民族贫困村脱贫攻坚工作要确保"五个精准"，即扶贫对象精准、扶贫项目精准、资金使用精准、联系协调精准、脱贫成效精准。5月，河南省民委下发《关于进一步规范全省少数民族贫困村脱贫攻坚档案资料的指导意见》，要求在全省少数民族贫困村规范档卡工作。6月，宁夏回族自治区出台《关于加快推进产业扶贫的指导意见》，提出将通过加大财政、金融、保险等支持力度，积极发展特色优势产业，依托新型农业经营主体带动，激发贫困群众内生动力，实现贫困人口持续稳定脱贫。8月，四川省委省政府出台《关于进一步加快推进深度贫困县脱贫攻坚的意见》，确保45个深度贫困县如期全部摘帽。8月，宁夏回族自治区教育厅联合自治区扶贫办印发《自治区高校结对帮扶贫困县助力脱贫攻坚实施方案》。10月，宁夏回族自治区人民政府出台《宁夏职业教育助推精准脱贫工作实施方案》，方案旨在进一步提高贫困地区职业教育发展水平和技术技能人才培养质量，深入推进职业教育助推精准扶贫。

从县市（州）级行政单位来看，1月，湖南省长沙市制定出台了《长沙市对口帮扶龙山县精准脱贫攻坚专项行动计划（2017—2020年）》，按照"七大工程"和"三大机制"安排部署2017—2020年对口帮扶龙山精准脱贫工作。2月，云南省西双版纳傣族自治州制定了《"十三五"脱贫攻坚规划（2016—2020年）》，确保到2020年与全省乃至全国同步全面建成小康社会。3月，甘肃省甘南藏族自治州制定出台了《甘南藏族自治州"十三五"脱贫攻坚规划》，指出"十三五"期间要重点抓好六大建设项目，强化九大保障措施。4月，山东省临沂市民宗局制定了全面推进少数民族脱贫攻坚实施方案，旨在全面推进少数民族减贫脱贫步伐，确保2017年年底实现少数民族贫困群众全面脱贫目标。4月，甘肃省张家川回族自治县县委、县政府正式下发了《张家川脱贫攻坚工作任务落实问责暂行办法》，确保与全国全省一同建成小康社会。4月，云南省丽江市政府第52次常务会议审议通过了《丽江市"十三五"脱贫攻坚规划（2016—2020年）》。6月，宁夏回族自治区吴忠市规划编制了《盐同红集中连片贫困地区区域发展与扶贫攻坚规划》，着眼于加快盐池县、同心县、红寺堡区贫困地区群众脱贫致富步伐，确保到2020年，该区域所有贫困村全部脱贫销号。2017年7月27日，吴忠市市委、市政府出台《关于盐同红集中连片贫困地区区域发展与脱贫富民攻坚的实施意见》。9月，安徽省淮南市民委制定出台《关于开展全市少数民族脱贫攻坚工作的实施方案》，确定了做好全市少数民族和民族地区脱贫攻坚工作12条具体意见。10月，云南省红河哈尼族彝族自治州制定了脱贫攻坚规划（2016—2020）。

2016年11月1日,国务院扶贫办召开新闻发布会,宣布2016年全国共有28个贫困县提出退出申请,其中重庆市的万州区、黔江区、丰都县、武隆区、秀山土家族苗族自治县,贵州省赤水市,西藏自治区城关区、亚东县、卡若区、巴宜区、乃东区,青海省河南蒙古族自治县、同德县、都兰县,新疆维吾尔自治区巴里坤哈萨克自治县、民丰县、察布查尔锡伯自治县、托里县、青河县都是少数民族人口较多或民族八省区①的县区,这19个县区占了28个脱贫县区的69%。

---

① 民族八省区包括内蒙古自治区、宁夏回族自治区、新疆维吾尔自治区、西藏自治区和广西壮族自治区五大少数民族自治区和少数民族分布集中的贵州、云南和青海三省。

第二章 民族地区经济

杨秀明[*]

党的十九大报告提出，中国特色社会主义进入新时代，我国社会的主要矛盾已经转化为人民日益增长的美好生活需要和不平衡不充分的发展之间的矛盾。胡鞍钢等指出，经济发展的不平衡主要是地区、城乡人群收入和支出的不平衡，不能满足人民日益增长的经济和社会公平需求。[①] 由于社会历史和自然条件等现实原因，长久以来，我国中西部民族地区经济发展与东部地区存在一定差距。当前，我国正处于2020年全面建成小康社会的决胜期，民族地区经济的平衡发展成为实现这一目标的重中之重。

鉴于我国目前的宏观经济数据都是以区域为统计对象，所以本报告以我国民族地区为研究对象，通过梳理2016—2017年民族经济研究现状，结合2016—2017年民族地区的经济社会情况，对民族地区经济发展的成绩与问题进行考察，并提出政策性意见。我国民族地区通常指民族八省区，包括5个民族自治区即内蒙古自治区、广西壮族自治区、新疆维吾尔自治区、西藏自治区和宁夏回族自治区，以及3个少数民族人口集中的省份，贵州、云南和青海。2016年是"十三五"规划的开局之年，2017年是全面落实"十三五"规划、推进结构调整、转型升级的关键一年，此期间我国民族地区经济社会全面发展，

---

[*] 杨秀明，北京舞蹈学院民族舞蹈文化研究基地助理研究员，中央民族大学中国少数民族经济专业出站博士后。

[①] 胡鞍钢，鄢一龙. 我国发展的不平衡不充分体现在何处 [J]. 人民论坛，2017：S2.

发展速度超过全国水平,与全国其他地区差距不断缩小,在推进"一带一路"建设,增进民族地区互联互通;发展区域特色经济,彰显民族文化活力;扶持壮大民族企业,打造本土民族品牌;全面落实就业政策,促进少数民族就业创业;优先发展民族教育,开展人才培训与交流等方面取得了新的成就。同时,民族地区发展也存在一定问题,包括产业结构不合理,经济、社会和生态问题突出,缺乏科技创新力等。"十三五"时期民族地区脱贫攻坚、全面建成小康社会已经进入啃硬骨头的关键时期,民族地区经济发展机遇与挑战并存。

第一节 民族经济的基本内涵

一、民族经济的定义

民族经济是指在一定历史条件下,某一民族社会经济的总称,其概念具有二重性,即"民族因素和经济因素二者融合为一体,一个独立存在的客观现实的有机现象"[①]。在我国,民族经济特指少数民族族裔人口经济与少数民族地区经济。民族经济衍生出两个概念,一为地区经济;二为民族经济。又因为此二者都与少数民族有着密切的关联,因此在两大经济领域里的研究方面也同样存在着密切关联,但又分别归属于各自不同的研究范畴。对于前者而言,所研究的对象为一个空间的概念,系指这个空间中居住的人群为少数民族,也就是说,研究者是以某一区域的经济为研究重点的。当然,在该区域之中生存的未必就是一个少数民族,也可是多个少数民族。总之,其特点是该区域内具备少数民族这一特色。对于后者而言,研究的内容重点放在民族上,亦即对于一个多民族国家来讲,在各个不同民族的经济总体当中,以占比例较少的少数民族的经济现象作为研究的重点。在研究的过程中,不仅要囊括该民族

---

① 施正一.民族经济学教程(修订本)[M].北京:中央民族大学出版社,2001:4.

的发展模式、发展特征、发展现状、发展历史，同时也包括该民族与其他民族之间的经济关系。①

二、民族经济学的研究方法

中国学界对民族经济学的关注有着特殊的历史背景。十一届三中全会以来，中国共产党决定把全党、全国工作重点转移到以经济建设为重心的社会主义现代化建设上来。作为统一的多民族国家，实现四化是我国各民族共同的目标和任务。一方面，民族地区是我国发展现代化工业、农业、国防和科学技术的重要原料基地；另一方面，由于历史遗留的民族间事实的不平等，我国少数民族社会经济落后状态一时难以改变，加快少数民族地区的四化建设是我国真正实现民族平等与繁荣的物质保证。为了实现当前这一社会阶段的目标和任务，民族经济学的研究方法综合了经济学和民族学的研究方法。

杨龙等认为，经过多轮扶贫攻坚行动，中国的贫困越来越向少数民族地区集中，而少数民族的贫困表现出多维特征。其使用多维贫困方法对彝族、藏族、苗族和土家族共1190个农户进行贫困测量，进而分析其扶贫政策优先序。研究发现，少数民族在收入贫困、教育情况、健康状况、资产、公共服务等单维贫困测量中表现出较为严重的贫困状态。农户的多维贫困发生率高于传统测量的收入贫困发生率。在少数民族的扶贫政策制定中存在优先序问题，应优先关注多维贫困分解中贡献率高的贫困维度。不同民族的扶贫政策优先序存在一定差异。②

刘小珉采用多维贫困测量方法，构建了适用于研究中国民族地区农村多维贫困的MPI指标体系，对民族地区农村多维贫困问题做了实证分析。分析结果表明，多维贫困存在地区和民族差异，西南三省区（贵州、广西、湖南）的多维贫困较西北四省区（宁夏、青海、新疆和内蒙古）更严峻，少数民族多维贫困较汉族严峻。与收入贫困类似，民族间多维贫困差异与区域差异存在一定

---

① 纪国峰.少数民族经济与少数民族地区经济存在的形态分析 [J]. 黑龙江民族丛刊，2017（1）.
② 杨龙，吴本健.少数民族多维贫困及扶贫优先序研究——以彝、藏、苗、土家族为例 [J]. 黑龙江民族丛刊，2017（4）.

程度的耦合。维度分解结果表明，民族地区贫困农户面临的最严重问题是教育、自然灾害、固定资产等问题。因此，实施精准扶贫战略需要从多维视角更加全面、更加科学地对贫困人口进行精准识别、精准施策。①

丁赛等采用西部民族地区经济社会状况家庭调查数据（2011年），对新疆、内蒙古、宁夏、青海、广西、贵州和湖南的汉族和少数民族城乡贫困分布状况和贫困发生的影响因素进行了分析研究。在绝对贫困标准和相对贫困标准下，西部民族地区农村少数民族的贫困发生率高于汉族，但城市中存在汉族贫困发生率和少数民族贫困发生率在不同地区各有高低的情况。在不同年龄组中，民族地区农村16~60岁劳动人口的贫困发生率最低，儿童贫困发生率和老年贫困发生率因不同地区和民族表现出了差异性。城市汉族和少数民族老年贫困发生率均最低，城市劳动人口贫困发生率居中，城市儿童贫困发生率相对最高。人力资本、社会资本的提高及农村家庭人均耕地面积和城市就业都会减少城乡贫困发生的概率。②

成学真等从民族文化传统的角度对民族经济进行了深入分析。西部民族地区独特的自然地理环境和要素禀赋形成了其独特的生产生活方式及与此相适应的民族文化传统。作为制度的一部分，文化传统在经济发展过程中发挥着重要作用，由民族地区游牧或山地农业生产生活方式所决定的民族文化传统与现代市场经济存在内在的矛盾与冲突。发展民族特色经济、植入产权意识、培育少数民族现代经济法制理念等是促进民族地区经济发展的重要手段。③

耿新指出，因区位分布、地理环境、历史基础、文化观念等因素制约，我国28个人口较少民族的发展水平总体滞后，同步实现全面小康面临着特殊困难。人口较少民族贫困发生率高、贫困程度深，是集空间贫困、资本贫困、能力贫困、信息贫困于一体的深度贫困，也是一种特殊类型的贫困。扶持人口较少民族减贫与发展对如期全面建成小康社会、维护社会和谐稳定具有重要意义。

---

① 刘小珉.多维贫困视角下的民族地区精准扶贫——基于CHES2011数据的分析[J].民族研究,2017(1).
② 丁赛,佐藤宏,别雍·古斯塔夫森.西部民族地区汉族与少数民族城乡贫困的比较[J].西南民族大学学报（人文社科版）,2016（11）.
③ 成学真,张海安.西部民族地区文化传统与经济发展关系研究[J].西藏大学学报（社会科学版）,2017（1）.

然而，28个民族间存在发展基础、发展条件、发展成本、发展水平和发展目标等诸多差异，加之各地情况千差万别，这决定了扶持政策不能同质化和一刀切。必须坚持习近平总书记精准扶贫战略思想，分类指导、因族举措、因地制宜、因时施策，实施差别化政策。①

三、民族经济研究的新任务

当下中国国情与30余年前"民族经济学"学科诞生之初有显著差异，尤其是西部大开发战略实施以来，少数民族经济和民族地区经济得到了长足发展。然而由于地理环境恶劣、国家政策不连贯、劳动者文化素质相对较低等因素，西部少数民族地区与中东部地区经济水平依然存在一定差距。因此，少数民族经济问题依然值得特别关注，"民族经济学"学科依然面临通过调查研究了解当下少数民族地区经济特点、规律，"阐明发展少数民族地区经济特殊政策的科学依据，提出加快发展少数民族地区经济建设事业的正确建议"②的任务。2013年"一带一路"倡议为少数民族地区边境贸易、文化交流提供了新的机遇。经济新常态下，少数民族地区经济如何实现"创新、协调、绿色、开放、共享"发展成为"民族经济学"新的研究任务。

李忠斌提出民族地区精准脱贫的"村寨模式"。精准脱贫是我们必须打赢的一场攻坚战，而精准脱贫的主战场则在广大的少数民族地区。少数民族地区贫困面广，贫困程度深，脱贫难度大，必须下更大的决心，实施更加精准的扶贫政策才可能达到预期目标。关于民族地区扶贫、脱贫研究的文献较多，但极少有人研究以少数民族特色村寨为载体的精准脱贫，我们认为，这是民族地区实施精准脱贫的一个重要路径，是一项必须的也是可行的精准脱贫攻坚战略。③

朱玉福等提出可持续发展是民族地区经济发展的重要任务。可持续发展已

---

① 耿新.精准扶贫的差别化政策研究——以扶持人口较少民族发展为例[J].中国农业大学学报（社会科学版），2017（5）.
② 施正一.民族经济学和民族地区的四个现代化[M].北京：民族出版社，1987：33.
③ 李忠斌.民族地区精准脱贫的"村寨模式"研究——基于10个特色村寨的调研[J].西南民族大学学报（人文社科版），2017（1）.

成为当今世界各国、各地区的共识和共同追求的理想。人口较少民族面临实现全面建成小康社会和可持续发展的双重任务。在总结、讨论云南基诺族、广西京族和内蒙古俄罗斯族等我国人口较少民族经济发展模式的基础上，研究者剖析人口较少民族选择经济发展模式应考虑的基本要素，重点就可持续发展视角下门巴、珞巴、德昂等人口较少民族如何选择符合自身实际的经济发展模式提出对策建议。①

张丽君等从学科发展视角对民族经济学学科进行系统分析，指出当前少数民族经济面临少数民族精准扶贫、沿边开放、人口流动和城市化等新的现实问题，民族经济研究要抓住民族经济发展趋势，凝练特色鲜明的研究方向，通过围绕民族经济发展的前沿问题，主动进行有针对性、可操作性的调查研究，建立起民族经济与民族地区经济发展的大数据平台，为国家及地方政府相关决策提供参考建议，积极参与国家和区域经济发展，不断强化学科服务社会职能。②

李曦辉指出民族经济学在当下对推进"一带一路"倡议和全球经济发展的重要意义。工业化时代的全球化以自由贸易为特征，是给人类带来福祉最多的一次全球化；但是，它比起以分工规模范围最大化为代表的"一带一路"倡议，还存在很大差距。民族过程一直是世界经济发展的重要影响因素，民族分离、裂解则世界或区域经济下行，民族融合、相容则国家经济欣欣向荣，民族问题对全球化进程具有重要影响。民族经济学就是对民族过程的政治、文化效果进行经济学分析，对"一带一路"倡议具有积极的指导意义。③

第二节 2016—2017年民族经济发展情况

党的十九大报告指出，十八大以来的五年里，脱贫攻坚战取得决定性进展，

---

① 朱玉福，王军旗，伍淑花.可持续发展视角下的人口较少民族经济发展模式研究[J].贵州民族研究，2016（7）.
② 张丽君，杨秀明.基于学科发展史视角的"民族经济学"学科评述与展望[J].中央民族大学学报（哲学社会科学版），2016（4）.
③ 李曦辉.全球化中国版之"一带一路"支撑理论研究——兼论民族经济学的时代价值[J].区域经济评论，2017（6）.

6000多万贫困人口稳定脱贫，贫困发生率从10.2%下降到4%以下。2016—2017年在国家各部门和社会各界的大力支持下，我国民族地区紧紧围绕全面建设小康社会战略目标，统筹做好稳增长、促改革、调结构、惠民生、防风险等工作，在宏观环境严峻复杂、经济下行压力较大的情况下，民族地区经济全面发展，贫困人口大幅减少，人民生活水平显著提高。

一、2016—2017年少数民族地区基本经济情况

2016—2017年，我国民族地区经济社会全面发展，经济发展速度超过全国水平，与全国差距不断缩小。如表2-1所示，截至2016年年底，民族八省区常住人口达19 681万人，占全国总人口比例为14.2%。民族八省区2016年年底城镇化率为48.4%，比2015年提高了1.4个百分点，但与全国2016年年底57.4%的城镇化率相比，民族地区仍低9个百分点。2016年民族八省区地区生产总值达到79 972亿元，占当年全国国民生产总值的10.7%，比2015年占全国比例略微下降了0.3个百分点。

表2-1 民族八省区基本经济情况

指标	2011年	2012年	2013年	2014年	2015年	2016年
年底常住人口（万人）	18 946	19 076	19 214	19 342	19 519	19 681
占全国比例（%）	14.1	14.1	14.1	14.1	14.2	14.2
年底城镇人口比例(%)	41.6	43.1	44.3	45.7	47.0	48.4
全国城镇人口比例(%)	51.3	52.6	53.7	54.8	56.1	57.4
GDP（亿元）	51 664	58 519	65 245	70 774	74 736	79 972
占全国比例（%）	10.7	11.0	11.1	11.1	11.0	10.7
第一产业比重（%）	13.4	13.4	13.4	13.2	13.4	13.4
全国第一产业比重(%)	4.2	5.2	4.3	4.7	4.6	4.4
第二产业比重（%）	48.4	47.4	46.6	45.9	44.2	43.1
全国第二产业比重(%)	52.0	49.9	48.5	47.8	42.4	37.4

续表

指标	2011年	2012年	2013年	2014年	2015年	2016年
第三产业比重（%）	38.1	39.3	40.0	40.9	42.4	43.5
全国第三产业比重（%）	43.8	44.9	47.2	47.5	52.9	58.2

注：数据来源于历年《中国统计年鉴》。

截至2016年，民族地区三次产业结构为13.4∶43.1∶43.5，与2015年相比，第一产业比重不变；第二产业比重略微下降；第三产业比重略微上升，并开始超过第二产业。这显示出工业化进程稳步推进，整体上处于工业化中期阶段。2016年全国三次产业结构为4.4∶37.4∶58.2，第一产业比重低，第三产业比重明显超过第二产业，处于工业化后期阶段。2016年民族地区第三产业比重虽然首次超过第一产业和第二产业，但第三产业比重依然较低。从产业结构上看，民族地区整体工业化水平距离全国有一定差距。

如表2-2所示，截至2016年，民族八省区全社会固定资产投资达81 846亿元，占全国固定资产投资总额的13.5%，与2015年比例相比上升了0.5个百分点；地方财政公共预算收入为9027亿元，占全国地方财政公共预算总收入的10.4%，比2015年比例略微下降了0.3个百分点；消费品零售额达28 063亿元，占全国消费品零售总额的比例为8.4%，与2015年比例持平。2011—2016年，民族八省区这3项经济指标年均增速均明显超过全国平均增速，其中全社会固定资产投资增速更是超出全国增速4个百分点。[1]

表2-2 民族八省区主要经济指标

指标	2015年	2016年
全社会固定资产投资（亿元）	73 201	81 846
占全国比例（%）	13.0	13.5
财政公共预算收入（亿元）	8 899	9 027
占全国比例（%）	10.7	10.4
消费品零售总额（亿元）	25 337	28 063
占全国比例（%）	8.4	8.4

注：数据来源于历年《中国统计年鉴》。

---

[1] 张丽君，等. 中国少数民族地区扶贫进展报（2017）[M]. 北京：中国经济出版社，2017：15.

2017年，我国国内生产总值827 122亿元，比上年增长6.9%。民族八省区实现生产总值84 899亿元，同比增长7.6%；全社会固定资产投资总额88 730亿元，增长11.8%；城镇、农村常住居民人均可支配收入达31 553元、10 442元，分别增长8.4%和9.2%；贫困人口从上年的1411万人减少到1032万人，经济发展实现量质齐升。[①] 如表2-3所示，民族八省区中贵州、西藏、云南、宁夏、新疆、青海、广西2017年GDP增速均高于全国平均水平，民族地区经济发展趋势总体向好。

表2-3　2016—2017年民族八省区GDP增速全国排名

全国排名	省区	2016年GDP增速（%）	2017年GDP增速（%）	2017年GDP（亿元）
1	贵州	10.5	10.2	13 540.8
2	西藏	10.0	10.0	1 310.6
3	云南	8.7	9.5	16 531.3
11	宁夏	8.1	7.8	3 453.9
15	新疆	7.6	7.6	10 920
18	青海	8.0	7.3	2 642.8
19	广西	7.3	7.3	20 396.3
29	内蒙古	7.2	4.0	16 103.2

注：数据来源于2016年、2017年内蒙古、广西、西藏、新疆、宁夏、云南、贵州、青海8省区国民经济和社会发展统计公报及政府工作报告。

二、2016—2017年民族经济取得的新成就

2016—2017年，民族地区努力践行习近平总书记提出的"全面建成小康社会，一个民族都不能少，一个都不能掉队"的重要思想，民族经济持续快速发展，经济实力进一步提升，基础设施明显改善、社会事业不断进步、群众收入水平稳步提高，精准扶贫取得显著成效，为促进民族团结和边疆稳定发挥了重要作用。

---

① 国家民委经济发展司，2018年全国民族经济工作暨民族地区经济形势分析会在浙江召开[EB/OL].[2018-04-05].http：//www.seac.gov.cn/art/2018/4/5/art_38_301201.html.

(一)推进"一带一路"基础设施建设,增进民族地区互联互通

近年来,我国政府明确提出建设丝绸之路经济带和海上丝绸之路的"一带一路"倡议,这既是提升我国经济和能源安全,实现合作共赢的世界经济新秩序的重大举措,又是打破国内东、中、西部之间的区隔,摆脱梯度发展格局,形成区域经济一体化的历史机遇。提升对外开放水平是民族地区经济发展的重要条件,"一带一路"沿线的民族地区积极实施地方的对接举措。宁夏在构筑立体化开放通道方面成绩突出。宁夏地处祖国西部内陆,随着不断的开放发展,宁夏致力于打造一个覆盖陆地、空中和网上的立体通道。在打造空中丝绸之路方面,宁夏主要是通过加强基础设施建设、开辟航线、发展空港相关产业等措施,将银川河东机场建设成为面向阿拉伯国家和穆斯林地区的门户机场。截至2017年,河东机场向阿联酋航空同时开放第三、第四、第五航权,突破了开通国际航线的政策瓶颈。陆上丝绸之路方面,宁夏加快银西高铁、银川至呼和浩特高铁、银川至兰州高铁等重点铁路项目建设,与全国高铁网联通。这些举措,为宁夏融入"丝绸之路经济带"建设创造了有利条件。为了让"丝绸之路"不再受到时空局限,宁夏还启动了网上丝路宁夏枢纽工程,通过夯实互联网基础设施,大力发展云计算、大数据、电子商务、服务外包等产业,建设中阿航空邮件分拨中心、跨境电商交易服务平台。三条丝绸之路的建设和完善,把一个多维立体的开放通道格局展现给了世界。①

"一带一路"建设激活了民族地区经济的发展优势,极大地提高了民族地区的经济发展水平,有效增进了民族地区的互联互通。当前,"一带一路"为西藏自治区的发展带来了新机遇。近年来,西藏自治区全区公路里程已达到9万多公里,其中高等级公路为660公里;拉日(拉萨—日喀则)铁路建成运营,拉林(拉萨—林芝)铁路正在建设中;国内外航线达到79条;主电网覆盖到62个县区(自治区共有73个县区);移动信号全覆盖,宽带通达85%。同时,启动建设"中尼跨境经济合作区";成立南亚标准化(拉萨)研究中心;

---

① 戚易斌,李智.人大代表张八五:宁夏融入"一带一路"构建开放新格局[EB/OL].[2017-03-11]. http://ydyl.china.com.cn/2017-03/11/content_40442118.htm.

已成功举办三届藏博会;新建藏青工业园区、拉萨高新区和昌都经开区等;加大边境贸易基础设施建设及口岸要镇仓储物流培育力度,这为推动南亚大通道建设打下了雄厚基础。

(二)发展区域特色经济,彰显民族文化活力

特色经济是指:"在一定的区域范围内,根据本区域现有的经济、社会、文化状况,资源禀赋和生产力水平,能最大限度地扩张经济总量,结构合理且主导产业优势突出,经济效益显著,能确保可持续发展的、具有鲜明区域特点的经济发展模式。"[①] 发展区域特色经济是民族地区经济发展的主要特征,是经济社会转型和生态文明建设的重要载体,也是彰显民族文化活力的表现。2014年,文化部和财政部实施《藏羌彝文化产业走廊规划》以来,青海省结合省情实际,综合施策,着力加强藏文化产业建设,取得了良好成效。例如,青海藏绣远销到美国、法国、日本等多个国家和地区。2016—2017年,青海省依托丰富的民族文化资源优势,不断加大投入力度,加快发展特色文化产业。2017年,青海省文化及相关产业实现增加值63.77亿元,比上年增长16.5%,占全省地区生产总值(GDP)的比重为2.48%。

"十二五"期间,全国重点保护和改造1000个少数民族特色村寨。加快少数民族特色村寨经济发展,培育"一村一品"的特色产业,增加群众收入,是实现少数民族特色村寨可持续发展的重要保障。在城镇化深入发展的背景下,"十三五"时期,现有的少数民族特色村寨保护与发展提升为内涵更丰富、覆盖面更广的少数民族特色村镇保护与发展,将民族地区民族风情浓郁、民族特色鲜明的小城镇纳入了保护范围。广西在推进少数民族特色村镇建设过程中,围绕民族文化保护与传承,开展非物质文化遗产普查、收集、整理工作,抢救和保护了一批濒危的文化遗产,并打造出一批具有浓郁地方特色、较强时代精神和艺术感染力的民族文化品牌。广西南丹县里湖瑶族乡王尚屯共93户380人,全部是瑶族(白裤瑶),原全部为贫困户。2014年9月,王尚屯被国家民委

---

① 李澜,张丽君.论西部地区民族经济发展中的特色经济开发[J].中央民族大学学报(哲学社会科学版),2001(6).

命名为首批中国少数民族特色村寨。该地区把少数民族特色村寨保护、发展和旅游扶贫相结合发展旅游业，通过建立民族工艺传承基地和少数民族特色村寨保护项目，形成了"公司＋基地＋农户"的发展模式，带动了当地群众脱贫致富，全屯 93 户瑶族同胞全部脱贫，逐步走上致富之路。传统民族文化与区域特色产业的深度融合，将村寨建设成活跃民族文化、休闲观光旅游新景点，壮大了民族特色产业，既能促进民族文化的保护与传承，同时又带动了农民增产增收，实现了民族地区经济发展。①

（三）扶持壮大民族企业，打造本土民族品牌

民族企业是少数民族在当代社会中的生计方式、竞争能力和经济实力的集中体现，是民族发展的主要经济基础，对民族经济文化类型的转型和升级有着重要意义。云南省普洱市是少数民族聚居的大家庭，有 26 个少数民族，少数民族占总人口的 61%。早在 3000 多年前，各民族的先民们就在这片土地上种茶、制茶、饮茶，创造了独具特色的茶文化。近年来，随着人们对食品安全的关注度越来越高，普洱市加快推进传统农业向现代农业转变，把发展绿色健康有机农业作为主攻方向，以工业化理念推动品牌农业发展，依托龙头企业去培育农业品牌，培育壮大一批起点高、规模大、带动力强的农业产业化龙头企业，推动优势产品向优势企业集中、优势企业向优势产业聚集。2016 年年末，普洱市茶园面积已达 164 万亩，干毛茶产量 10.67 万吨，茶产业综合产值达 203.4 亿元。

目前，"乳都"内蒙古作为全国乳业发展的"标兵"，已成为国内乳业发展的优势区域，依靠得天独厚的资源禀赋，孕育了伊利、蒙牛等享誉世界的知名乳品企业。在全球乳业发展大背景之下，"乳都"也在带动和加快产业现代化、智能化、全产业链发展进程，进一步打造"乳都乳业升级版"进程。伊利乳业在"国际化"战略的顶层设计下，一方面通过打造"全球织网"战略，在大洋洲、欧洲、美洲等乳业发达地区，构建了一张覆盖全球资源体系、全球创新体系、全球市场体系的骨干大网，通过整合全球优质资源，更好地服务消费

---
① 南丹县民宗局. 南丹县里湖王尚屯少数民族特色村寨保护发展和旅游扶贫结合成效显著 [EB/OL]（2016-11-10）.http: //www.gxnews.com.cn/staticpages/20161110/newgx5823fdd9-15648075.shtml.

者；另一方面，伊利搭建起整合全球智慧资源的"全球智慧链"，诸如联手荷兰瓦赫宁根大学打造了伊利欧洲研发中心，联合美国一流的大学、科研机构主导实施了"中美食品智慧谷"，在全球营养与健康领域开展前瞻性研究。在整合全球优势资源的同时，伊利也在不断输出精准洞察消费升级、不断创新产品的中国方案，以及中国乳业的品质标准。在消费升级趋势下，伊利通过大数据精准洞察消费者需求，以此来指导产品创新，以多元化的产品和服务满足消费者不断升级的消费需求，2016年伊利的产品覆盖了11亿人次消费者。经过长期探索，内蒙古民族乳业企业经济实力和竞争能力不断增强，民族品牌得到较为广泛的推广，对当地经济发展的贡献率不断提高。

（四）全面落实就业政策，促进少数民族就业创业

就业不仅是少数民族经济发展的迫切需要，也是国家长治久安的重要基础，是构建社会主义和谐社会的要求。近年来，随着我国高校扩招，毕业生数量猛增，就业问题日益凸显。少数民族就业问题对民族经济繁荣、社会和谐发展具有现实意义。近年来，新疆建设兵团不断通过就业援助月、春风行动、民营企业招聘周等就业服务活动，开展大规模职业技能培训，提升就业管理服务水平。2017年，新疆建设兵团实现城镇新增就业近13万人，援助就业困难人员就业1万余人，年末城镇登记失业率为2.74%；开展各类职业技能培训13万余人次。2018年，新疆建设兵团将深入实施"就业优先"战略，力争城镇新增就业10万人，城镇登记失业率控制在4%以内，团场富余劳动力转移就业2万人，就业困难人员实现就业1.2万人，接收新疆南部深度贫困地区建档立卡贫困劳动力有组织转移务工就业5000人。①

自精准扶贫工作开展以来，青海各地结合实际，积极探索实践，扶贫方式也逐步向长期的跟踪培育和可持续发展的孵化培养转变，让贫困人员能够真正全面提高自身能力、拥有致富信念，从根本上解决贫困问题。青海省39家创业孵化基地入驻创业孵化企业1713户，带动就业1.52万人。以创业带动就业

---

① 戚亚平，张红，安媛杰. 新疆兵团力促就业保障民生 今年拟城镇新增就业10万人[EB/OL].（2018-04-04）.http：//news.china.com.cn/live/2018-04/04/content_39189171.htm

的创业扶贫模式，在青海形成一波又一波创业的热潮，在促进贫困劳动力就近就地转移就业方面发挥了积极作用，越来越多的青海人在家门口挣钱，既可以照顾家里老人、孩子，还可以致富增收。2017年，青海省发放创业担保贷款5.01亿元，扶持创业2536人，带动就业6484人。①

（五）优先发展民族教育，开展人才培训与交流

教育是一个民族的希望。优先发展民族教育，开展人才培训与交流，是切实加快民族地区经济、社会、文化等各项事业发展的重要前提。广西壮族自治区是我国少数民族人口最多的省区，生活着壮、汉、瑶、苗、侗、仫佬、毛南、回、京、水、彝、仡佬等12个世居民族和其他44个民族。多年来，广西壮族自治区把维护和促进民族团结作为政治责任来坚守，极大地改善了少数民族聚居区的生产生活条件，在全国5个少数民族自治区中率先实现"两基"（基本实施九年义务教育、基本扫除青壮年文盲）目标和城乡免费义务教育，全面实施贫困家庭学生资助计划。习近平总书记指出，"扶贫必扶智"。在教育扶贫方面，广西宾阳县在将建档立卡贫困户学生纳入资助范围并给予最高档次资助的基础上，于2017年在全区率先实现对非寄宿建档立卡贫困户小学生资助全覆盖和提高贫困户高中生资助标准，进一步扩大资助范围和提高资助标准，惠及更多贫困家庭学生。

2017年，贵州省着力推进职业教育，强化教育扶贫的造血功能，努力实现"职教一人、就业一个、脱贫一家"。广泛面向深度贫困地区和贫困人口招生办学，2017年贵州全省职业院校完成招生40万人，其中建档立卡贫困学生4.1万名，近30万人毕业、就业后带动家庭脱贫。组织百校扶贫基地面向深度贫困地区开办精准脱贫班，开办班级203个，招收学生1.2万人。2017年贵州全省共录取农村和贫困地区各专项考生7782人，切实增加了贫困地区群众子女接受高等教育的机会。实施免费中职教育将切断贫困的代际传递，带动家庭脱贫致富。只有加大对少数民族地区教育的支持和扶持力度，进一步改善少数

---

① 泊伟. 青海：多措并举断"穷根"[N]. 慈善公益报，2018-03-18.

民族地区教育设施落后状况，提高少数民族地区的科技水平和生产能力，才能使民族地区经济社会发展步入快车道。

第三节　当下民族经济发展存在的问题

2017年以来的世界经济仍处于金融危机之后的深度调整期，我国国内市场有效需求仍然不足。面对经济发展新常态和供给侧结构性改革，我国经济下行压力较大，发展中深层次矛盾凸显，但是也有着巨大的潜力和回旋余地。因此，我国的经济发展既面临着困难和挑战，又同时处于重要战略机遇期。由于特殊的自然和历史原因，我国民族地区比其他地区经济发展面临更严峻的形势和任务。

第一，扶贫攻坚进入深水期，脱贫攻坚难度增大。当前，我国的扶贫开发工作已进入啃硬骨头、攻城拔寨的深水区和冲刺期。党的十九大指出，目前已有6000多万贫困人口稳定脱贫。2018年政府工作报告提出，加大精准脱贫力度，2018年再减少农村贫困人口1000万以上。深度贫困地区大多处于交通闭塞、资源匮乏的山区地带，交通建设施工难度较大、成本较高。加上政府部门财力有限，这些地区的基础设施建设投入明显不足，特别是在交通建设、通信网络建设和生产生活设施建设等方面问题更为严重，人们的生产和生活严重受阻，无法满足目前经济社会发展的实际需要。我国深度贫困人口分布的主要特征有：一是主要集中在少数民族人群；二是主要集中在残疾人或患有慢性病、重大疾病的人群；三是人力资本（含健康水平和文化程度）缺乏，这是我国深度贫困人口的核心特征。[①]

第二，经济增长压力较大，结构调整任务艰巨。产业结构不合理成为我国经济增长中的突出问题。尽管中国的企业相比世界其他国家数量多，产量大，但是资源和能源消耗大，环境污染严重，深加工程度低。总体看来，中国的产

---

① 张丽君，等.中国少数民族地区扶贫进展报告（2017）[M].北京：中国经济出版社，2017：15.

业结构问题表现为农业基础薄弱,制造业大而不强,服务业发展滞后。其中,在民族地区,特别是在西部地区,传统产业比重过大,产业结构不合理,经济效益低下。中华人民共和国成立初期,西部地区几乎没有近代工业,原始落后的农业和畜牧业在较长一段时期占支配地位。经过改革开放后30多年的大规模建设,西部地区的工业化基础初步奠定。但是,由于当时过分强调优先发展重工业,忽视了轻工业、商业、服务业及现代农业的发展,因而在改革开放伊始的20世纪70年代末和80年代初,政府不得不进行经济结构的重大调整。例如,虽然近年来内蒙古经济社会发展保持了较快增长,但经济发展仍然滞后。从产业形态上看,传统产业占据主导,新兴产业虽然发展较快,但比例偏小。从工业来看,原材料和基础产业比重大,而深加工和高新技术产业比重小。六大高耗能行业增加值占全区规模以上工业的1/3。2012—2016年,内蒙古装备制造工业增加值占规模以上工业的比重由5%上升到5.7%,上升幅度不大,高新技术工业的比重由2.3%下降到2.1%,比重变化不大。战略性新兴产业占GDP比重仅为4.8%,尚未形成产业发展规模效益。2017年在内蒙古政府解决工业增加值数据不实和财政收入虚增空转等困扰多年的老大难问题后,内蒙古GDP增长4%,较2016年的7.2%出现放缓。民族地区经济发展经验指出,必须破除简单以生产总值增长率论英雄的发展观、政绩观,坚持不忘初心,牢记为人民服务信念。

第三,缺乏科技创新力,自我发展动力不足。缺乏科技创新力是产业结构调整面临的主要困难,也是我国经济发展的瓶颈问题。改革开放以来,中国虽然通过技术引进实现了产业的技术改造,但是随着经济的发展,缺乏核心技术和自主创新能力造成的问题和矛盾日益凸显。以手机产业为例,尽管中国在加工装配方面的产量居世界首位,然而在自主芯片开发方面的创新能力不强。2014年,"棱镜门"事件促使政府将信息安全提升到国家安全战略层面,也督促国产手机产业链升级,改变长期停留在加工装配环节、依赖外国核心技术的被动地位,提高自身竞争力。民族地区虽然在自然资源、低技术低成本劳动力等初级要素方面具有比较优势,但是在资金、技术、知识资源和高素质人才等高级要素方面的劣势却十分明显。"十二五"以来,贵州省着力深化科技体制改革,积极加强平台建设,全力培育引进人才,创新能力持续提升,科技对经济社会发展的支撑引领作用明显增强。但贵州创新能力的大幅提升是建立在总体水平相对落后、基数较低的基础之上,总体水平仍处于全国靠后位置。贵州的创新能力建设还面临着平台不足、人才缺乏、科技管理机构和科研机构改革亟待深化等问题。科技创新是实现中华民族伟大复兴的强大驱动力,因此,增强自主创新能力,推动产业结构优化升级,是民族地区经济实现跨越式发展的重大任务。产业结构和技术创新问题都需要政府在政策规划方面的适当引导。要实现"中国制造2025",必须坚持创新驱动、智能转型、强化基础、绿色发展,加快从制造大国转向制造强国。经济新常态下,机遇与挑战并存,机遇大于挑战。加快推进经济结构调整和产业转型升级,大力实施创新驱动发展战略,增强发展的内生动力和持续活力,培育壮大新的增长点和竞争优势,成为提高民族地区经济水平的必由之路。

第四,"羊煤土气"急需升级,生态保护任重道远。由于中西部民族地区的经济增长更多地依靠能源、资源、劳动等生产要素的高投入,经济、社会和生态问题极为突出。习近平总书记在分析内蒙古经济发展情况时强调,内蒙古产业发展不能只盯着羊、煤、土、气,要大力培育新产业、新动能、新增长极。经济社会矛盾和生态环境危机要求民族地区必须转变粗犷的经济发展模式,构建资源节约和环境友好的现代产业体系。根据中国人民大学发布的2016年、2017年文化产业发展指数,在增长速度方面,中西部地区文化产业发展指数平稳上涨,潜力较大。由此可见,在政府的高度重视与支持下,中西部地区的文化产业发展环境迅速优化。将当地丰厚的文化资源转换为文化产品,实现经济结构的战略转型,以文化创意助推产业升级,必将成为民族地区新的绿色经济增长点。2016年,我国全年国内生产总值744 127亿元,按可比价格计算,比上年增长6.7%,这一增速创下26年新低。2017年,我国国内生产总值 827 122 亿元，比上年增长 6.9%。这是中国经济增速自 2011 年来首次扭转下行局面，实现企稳回升。经济新常态下，经济增速放缓有利于产业转型升级，行稳致远。因此，民族地区紧紧抓住这个重要战略机遇期，树立和落实科学发展观，切实转变经济增长方式，升级产业结构，保护生态环境任重道远。

第四节 新时代民族经济发展的建议及展望

2018 年 3 月，李克强总理在第十三届全国人民代表大会第一次会议上指出，2017 年我国经济发展呈现出增长与质量、结构、效益相得益彰的良好局面。2018 年是全面贯彻党的十九大精神的开局之年，要坚持稳中求进工作总基调，坚持新发展理念，紧扣我国社会主要矛盾变化，按照高质量发展的要求，统筹推进"五位一体"总体布局和协调推进"四个全面"战略布局，坚持以供给侧结构性改革为主线，统筹推进稳增长、促改革、调结构、惠民生、防风险各项工作，大力推进改革开放，创新和完善宏观调控，推动质量变革、效率变革、动力变革。随着中国经济进入新时代，2018 年少数民族地区经济工作也要牢牢把握稳中求进的经济工作总基调，下面就新时代民族经济发展提出几点建议和思考。

一、深化经济体制改革，推动高质量发展

党的十八届三中全会指出，经济体制改革是全面深化改革的重点，核心问题是处理好政府和市场的关系，使市场在资源配置中起决定性作用和更好地发挥政府作用。深化经济体制改革将促进政府职能转变，激发民间投资活力，政府不唱"独角戏"，体现了市场对资源配置的决定性作用。2017 年中央经济工作会议提出，中国特色社会主义进入了新时代，我国经济发展也进入了新时代，基本特征就是我国经济已由高速增长阶段转向高质量发展阶段。深化民族地区经济体制改革，紧扣我国经济发展的阶段性特征和社会主要矛盾变化，实

现经济高质量发展，对于维护国家统一、民族团结和各民族共同繁荣有着至关重要的意义。

二、精准分析贫困根源，破解深度贫困

找到脱贫攻坚的突破点，精准发力，是精准脱贫和精准扶贫工作的重点。民族地区当前脱贫攻坚的重点和难点是深度贫困地区和深度贫困群体，破解民族地区的深度贫困问题，首先要做好深度贫困地区和深度贫困群众的识别工作。例如，目前边境贫困地区的一线贫困边民中大多数是少数民族群众，他们的就地稳定脱贫对于维护民族团结、实现边疆地区的长治久安具有重大意义。只有在找准致贫原因的基础上，因地制宜，精准施策，才能够更有效地帮扶贫困户，破解深度贫困，使其在脱贫后不致返贫。

三、增强自我发展能力，变"输血"为"造血"

改善人民生活、增进人民福祉是政府的恒久承诺。为了提高民族地区的经济发展水平，政府在保障民生方面需要重点解决路和水的问题，全面推进与群众生产生活密切相关的各项基础设施建设，解决好服务少数民族群众"最后一公里"的问题。此外，还需要建立精准的扶贫机制，坚持"输血"与"造血"相结合，增强自我发展能力，从单一的干部援助向综合性人才、技术、管理援助转变，变"输血"为"造血"。

四、推进依法治国，营造市场的公平与正义

经济是提升人民生活水平的根本，法治是保障各项政策落实的手段。只有通过法治来保障市场在资源配置中的决定性作用，维护市场的公平与正义，才能全面释放市场活力、投资活力和创新活力。在民族地区，坚持和完善民族区域自治制度，为少数民族经济权利的充分实现提供法治保障是依法治国与构建和谐社会的需要。

五、坚持从严治党,加强民族干部队伍建设

在经济快速发展的今天,要想为发展中国特色社会主义提供坚强保证,必须坚持从严治党,加强民族干部队伍建设,不忘初心,牢记使命。在民族地区,干部掌握着方方面面的权力,是党的理论和路线、方针、政策的具体执行者,如果干部队伍素质不高、作风不正,会危及党的建设和国家的长治久安。因此,把从严治党的要求贯彻到民族队伍建设中,培养为民、务实、清廉的民族干部队伍对保障民族团结进步事业欣欣向荣十分必要。

参考文献

[1] 王延中,等.中国民族发展报告(2017)[M].北京:社会科学文献出版社,2018.

[2] 张丽君,等.中国少数民族地区扶贫进展报告(2017)[M].北京:中国经济出版社,2017.

[3] 李曦辉.中国民族地区经济发展报告(2017)[M].北京:社会科学文献出版社,2017.

[4] 国家民族事务委员会经济发展司.中国民族地区经济发展报告(2016)[M].北京:民族出版社,2017.

[5] 丁宏.中国少数民族事业发展报告(2015)[M].北京:知识产权出版社,2016.

[6] 郑长德.中国少数民族地区经济发展报告(2016)[M].北京:中国经济出版社,2016.

第三章　少数民族教育

马　欣[*]

第一节　少数民族教育基本情况

一、基本情况

党的十八大以来，我国民族教育事业得到快速发展，取得了显著成绩：教育规模不断扩大，办学条件明显改善，教师队伍素质稳步提升，双语教育积极稳步推进，教育教学质量不断提高，培养了一大批各民族优秀人才，为推动少数民族和民族地区经济社会发展、维护祖国统一、促进民族团结做出了重要贡献。

五年来，民族教育受到高度重视。在国家层面，多项政策和资源都大力向民族地区倾斜；在各省（区）层面，也对民族教育给予了重点支持，民族教育得到优先发展。2012年，西藏自治区、新疆维吾尔自治区的南疆四地州，以及甘肃、四川等省的民族自治地区已经率先实现15年免费教育，教育优先发展战略得到落实。2017年，新疆有117.62万名农村学前适龄儿童入园，标志着新疆农村幼儿园"应建尽建"、适龄儿童"应入尽入"的目标全面实现。在

---

[*] 马欣，中央民族大学民族学与社会学学院博士，中央民族大学中国少数民族研究中心、少数民族事业发展协同创新中心教师。

内蒙古自治区，据不完全统计，全区民族教育各类专项资金由"十五"期间近1亿元、"十一五"期间12亿元，提高到了"十二五"期间的20多亿元，教育投入增加力度可见一斑。

二、政策保障

党中央、国务院多次强调民族教育的重要意义。《国家中长期教育改革和发展规划纲要（2010—2020年）》首次列出专门章节规划民族教育；党的十八大及十八届三中、四中、五中、六中全会等重大会议都将民族教育发展列入其中，强调要重视和加强民族教育发展，资源配置要向农村地区、贫困地区、民族地区倾斜。

2014年9月28日至29日，中央民族工作会议暨国务院第六次全国民族团结进步表彰大会在北京召开，会议提出"教育投入要向民族地区、边疆地区倾斜，加快民族地区义务教育学校标准化和寄宿制学校建设，实行免费中等职业教育，办好民族地区高等教育，搞好双语教育"。

为了促进民族地区教育发展，2015年8月11日，国务院印发《关于加快发展民族教育的决定》（以下简称《决定》），明确提出到2020年，民族地区教育整体发展水平及主要指标接近或达到全国平均水平，逐步实现基本公共教育服务均等化。《决定》对新时期民族教育的指导思想、基本原则和发展目标，打牢各族师生中华民族共同体思想基础，全面提升各级各类教育办学水平，切实提高少数民族人才培养质量，重点加强民族教育薄弱环节建设，建立完善教师队伍建设长效机制，落实民族教育发展的条件保障，切实加强对民族教育的组织领导等八个方面提出了要求，为今后相当长一段时间的民族教育工作指明了方向。

2015年8月18日，第六次全国民族教育工作会议在北京召开，这也是在全面建成小康社会的决战决胜阶段和实现中国梦的关键时期召开的一次重要会议，充分显示了党中央对民族教育在全面实现小康社会中重要作用的重视。

第二节 少数民族教育事业持续发展

2016年，全国教育经费总投入为38 888.39亿元，比上一年的36 129.19亿元增长7.64%。其中，国家财政性教育经费（主要包括公共财政预算安排的教育经费、政府性基金预算安排的教育经费、企业办学中的企业拨款、校办产业和社会服务收入用于教育的经费等）为31 396.25亿元，比上年的29 221.45亿元增长7.44%。[①]同时，民族教育事业也受到极大的关注。2016年以来，我国民族教育水平持续增长，民族教育规模继续扩大，民族教育质量不断提高。

一、各级各类学校少数民族在校生比例继续增长

截至2016年年底，我国各级各类学校中少数民族在校生总数为2 751.518 3万人，占全国在校生总人数的10.33%，较2015年增加了115.71万人，增幅为4.39%。其中，研究生11.532 1万人，占全国总数的6.39%，比2015年增加0.56万人，增幅为5.12%；普通本专科231.821 2万人，占全国总数的8.6%，比2015年增加17.53万人，增幅为8.18%；普通高中239.749 8万人，占全国总数的10.13%，比2015年增加10.48万人，增幅为4.57%；初中487.294 4万人，占全国总数的11.26%，比2015年增加6.5万人，增幅为1.35%；普通小学1 136.669 2万人，占全国总数的11.47%，比2015年增加41.7万人，增幅为3.81%；学前教育412.847 6万人，占全国总数的9.35%，比2015年增加36.96万人，增幅为9.83%，在各级各类少数民族在校生数中增幅最大（见表3-1、表3-2）。

表3-1　各级各类学校少数民族在校生数　　　　　单位：万人

年份	总数	研究生	普通本专科	普通高中	普通中专	初中	普通小学	学前教育
2016	2 751.518 3	11.532 1	231.821 2	239.749 8	70.156 4	487.294 4	1 136.669 2	412.847 6

[①] 教育部 国家统计局 财政部关于2016年全国教育经费执行情况统计公告（教财〔2017〕6号）[EB/OL].（2017-10-10）.http://www.moe.edu.cn/srcsite/A05/s3040/201710/t20171025_317429.html

续表

年份	总数	研究生	普通本专科	普通高中	普通中专	初中	普通小学	学前教育
2015	2 635.804 0	10.970 4	214.294 6	229.271 1	67.919 6	480.797 8	1 094.971 1	375.887 3
2014	2 501.174 1	10.467 4	199.238 3	219.588 2	66.466 4	477.355 5	1 058.973 4	346.914 4
2013	2 425.019 8	10.739 2	184.450 3	210.913 3	64.896 8	471.020 3	1 040.948 8	315.593 7

数据来源：教育部发展规划司公布的2013年、2014年、2015年、2016年教育统计数据。

表3-2　各级各类学校少数民族在校生占比　　　　单位：%

年份	总占比	研究生	普通本专科	普通高中	普通中专	初中	普通小学	学前教育
2016	10.33	5.82	8.6	10.13	9.77	11.26	11.47	9.35
2015	10.18	5.74	8.16	9.66	9.27	11.15	11.30	8.81
2014	9.89	5.67	7.82	9.15	8.87	10.89	11.20	8.56
2013	9.64	5.99	7.47	8.66	8.4	10.61	11.12	8.1

数据来源：教育部发展规划司公布的2013年、2014年、2015年、2016年教育统计数据。

二、少数民族师资队伍继续加强

截至2016年年底，全国各级各类学校中少数民族专任教师共136.9750万人，占全国专任教师总数的8.78%，比2015年增加4.8101万人，增幅为3.64%。其中，普通高等学校教师9.1037万人，占全国专任教师总数的5.68%，比2015年增加5236人，增幅为6.1%；成人高等学校教师0.1284万人，占成人高等学校专任教师总数的5.09%，较2015年减少450人，降幅为25.95%；高中教师14.2261万人，占总数的8.18%，比2015年增加6911人，增幅为5.11%；普通中专教师1.8549万人，占总数的6.13%，比2015年增加289人，增幅为1.58%；初中教师32.3804万人，占总数的9.28%，比2015年增加4708人，增幅为1.48%；普通小学教师60.7696万人，占总数的10.5%，比2015年增加1.1014万人，增幅为1.85%；学前教育教师16.16万人，占总数的7.24%，比2015年增加1.9867万人，增幅为14.02%（见表3-3）。

通过少数民族专任教师占比数据可以看出，2016年少数民族专任教师总占比、普通高等学校、高中、普通中专、初中和学前教育的占比均呈上升趋势，普通小学占比与2015年持平；成人高等学校占比有所下降，这与该类别中少数民族在校生的增长情况呈现相反趋势（见表3-4）。

表3-3　各级各类学校少数民族专任教师数　　　　　单位：万人

年份	总数	普通高等学校	高中	普通中专	初中	普通小学	学前教育
2016	136.9750	9.1037	14.2261	1.8549	32.3804	60.7696	16.1621
2015	132.1649	8.5801	13.5350	1.8260	31.9096	59.6682	14.1754
2014	128.9683	8.2341	12.8911	1.8821	31.6360	59.5635	12.2912
2013	124.7548	7.9439	12.1459	1.8587	31.1437	58.9984	10.2672

数据来源：教育部发展规划司公布的2013年、2014年、2015年、2016年教育统计数据。

表3-4　各级各类学校少数民族专任教师占比　　　　　单位：%

年份	总占比	普通高等学校	高中	普通中专	初中	普通小学	学前教育
2016	8.78	5.68	8.18	6.13	9.28	10.5	7.24
2015	8.67	5.46	7.95	6	9.18	10.5	6.91
2014	8.62	5.37	7.68	6.13	9.07	10.57	6.66
2013	8.52	5.31	7.41	6.09	8.95	10.56	6.17

数据来源：教育部官方网站公布的2013年、2014年、2015年、2016年教育统计数据。

与2015年相比，在民族八省区中，只有云南省的普通高校、中等职业学校、普通高中、初中和普通小学的生师比中均呈现下降趋势，其余省区则既有升高又有下降的现象。在普通小学阶段，内蒙古、贵州、西藏、青海和新疆的生师比有所升高，增幅分别为0.56个、0.03个、0.38个、0.19个和0.6个百分点；民族八省区的初中生师比均略有下降：内蒙古为10.73∶1，广西为16.1∶1，贵州为14.88∶1，云南为14.81∶1，西藏为11.96∶1，青海为12.86∶1，宁夏为13.92∶1，新疆为10.54∶1；高中阶段除了广西、青海和新疆外，其余各省区的生师比略有下降；普通高校的生师比中，只有贵州、西藏和宁夏出现了上升趋势，其余各省区为下降，其中西藏增幅较大，为1个百分点（见表3-5）。

表3-5 民族八省区各级普通学校生师比（教师数=1）

省区	普通高校		中等职业学校		普通高中		初中		普通小学	
	2016年	2015年	2016年	2015年	2016年	2015年	2016年	2015年	2016年	2015年
内蒙古	17.37	18.30	14.72	15.33	12.89	13.58	10.73	10.82	13.47	12.91
广西	17.78	18.11	33.69	36.27	17.22	17.06	16.10	16.50	19.41	19.83
贵州	18.02	17.91	31.10	33.87	16.28	17.42	14.88	16.10	17.93	17.90
云南	18.80	19.11	22.67	22.69	14.96	15.20	14.81	15.29	16.59	16.80
西藏	15.35	14.35	14.02	13.83	11.41	12.39	11.96	12.10	14.37	13.99
青海	15.26	15.66	30.14	31.69	13.48	13.46	12.86	13.21	17.34	17.15
宁夏	17.07	16.80	29.24	32.36	14.29	15.26	13.92	14.16	17.09	17.28
新疆	17.40	18.22	24.29	22.39	13.10	12.81	10.54	10.58	14.75	14.15

数据来源：教育部发展规划司公布的2013年、2014年、2015年、2016年教育统计数据。

通过实施免费师范生教育、农村义务教育阶段学校教师特设岗位计划等项目，国家每年为民族地区输送农村教师近5万人，双语教师、"双师型"教师和农村中小学理科、音体美等学科紧缺教师的培养得到重视。农村义务教育学校教师特岗计划和边远贫困地区、边疆民族地区、革命老区人才支持计划教师专项计划向民族地区倾斜。从统计数据来看，民族地区专任教师学历水平继续提高，民族八省区专任教师中本科及以上学历的占98.74%。其中，广西高于平均水平，为98.75%；内蒙古为97.77%；贵州为98.46%；云南为97.97%；西藏为98.7%；青海为97.65%；宁夏为98.5%；新疆为97.96%。

为了提升整体教育质量，2016年4月，教育部等部委正式启动"组团式"教育人才援藏工作，每年选派800名教师进藏支教，10~50名教师组成一个团队，集中对口支援西藏一所中小学，"十三五"期间将援助西藏20所中小学。

三、教育投入继续增加

党的十八以来，中央和地方政府先后投入 4000 多亿元，实施学前教育三年行动计划、薄弱学校改造等系列重大工程项目；民族地区农村义务教育的财政性经费投入近年持续保持 20% 的增长率；教育信息化覆盖了边远民族地区乡村，优质教育资源初步实现了共建共享。

2016 年，全国教育经费总投入为 38 888.39 亿元，比上年的 36 129.19 亿元增长 7.64%。根据教育部公布的数据，与 2015 年相比，2016 年民族八省区中有 7 个省区公共财政教育支出比上一年度有所增长，其中，云南增长 14.00%（增幅最大）；贵州增长 9.69%；广西增长 7.78%；宁夏增长 7.57%；内蒙古增长 4.76%；新疆增长 3.59%；青海增长 3.43%；西藏略有下降，降幅为 1.73%（见表 3-6）。

表 3-6　2016 年公共财政教育支出增长情况

	公共财政教育支出（亿元）	公共财政教育支出占公共财政支出比例（%）	公共财政教育支出本年比上年增长（%）
内蒙古	543.29	12.04	4.76
广西	850.78	19.15	7.78
贵州	840.25	19.71	9.69
云南	864.12	17.22	14.00
西藏	175.83	11.07	-1.73
青海	168.79	11.07	3.43
宁夏	149.71	11.93	7.57
新疆	664.59	16.06	3.59

数据来源：教育部官方网站公布《教育部 国家统计局 财政部关于 2016 年全国教育经费执行情况统计公告》（教财〔2017〕6 号）。

从全国的统计数据看，在各级教育生均公共财政预算教育事业费支出增长情况中，全国普通小学为9557.89元，比上年的8838.44元增长8.14%，其中增长最快的是云南，为18.58%；全国中等职业学校为12 227.7元，比上年的10 961.07元增长11.56%，增长最快的是青海，为22.24%；全国普通高等学校为18 747.65元，比上年的18 143.57元增长3.33%，增长最快的是青海，为25.66%。在各级教育生均公共财政预算公用经费支出增长情况中，全国普通高等学校为8067.26元，比上年的8280.08元下降2.57%。增长最快的是青海，为19.9%。

四、办学条件不断改善

近年来，国家不断加大中央财政扶持力度，通过实施农村寄宿制学校建设工程、农村中小学危房改造工程、中西部农村初中校舍改造工程、农村中小学现代远程教育工程、全国中小学校舍安全工程、义务教育学校标准化建设、全面改善贫困地区义务教育薄弱学校基本办学条件等一系列措施，使得民族地区基本办学条件不断改善。

与2015年相比，2016年民族八省区的办学条件各项指标均有所提高。其中，固定资产增幅最大，为19.72%；固定资产中的教学、科研仪器设备资产增幅为15.20%；校舍面积增幅为6.84%；教室数量增加7409间，增幅为10.13%；图书增加1232.21万册，增幅为5.11%；学校占地面积增加1.90%（见表3-7）。

表3-7　民族八省区办学条件情况

类目	2016年	2015年	增幅（%）
校舍面积（平方米）	92 125 032.38	86 228 324.81	6.84
占地面积（平方米）	225 546 949.83	221 343 976.00	1.90
图书（万册）	25 359.40	24 127.19	5.11
计算机台数（台）	1 085 661.00	1 009 832.00	7.51
教室（间）	80 541.00	73 132.00	10.13

续表

类目	2016年	2015年	增幅（%）
固定资产（万元）	18 927 980.67	15 809 684.79	19.72
教学、科研仪器设备资产（万元）	3 618 642.53	3 141 157.12	15.20

数据来源：教育部官方网站公布的 2015 年、2016 年教育统计数据；教学、科研仪器设备资产包含在固定资产中。

五、学前教育和基础教育

（一）学前教育

学前教育是我国国民教育体系的重要组成部分，对人的终身学习和发展具有重要意义。但从目前来看，学前教育仍是整个教育体系中最薄弱的环节，普惠性资源供给不足、教师数量短缺、工资待遇偏低、幼儿园运转困难、保教质量参差不齐等问题还普遍存在。

为贯彻落实党的十八届五中全会"发展学前教育，鼓励普惠性幼儿园发展"的要求，进一步推进学前教育改革发展，国家决定 2017—2020 年实施第三期学前教育行动计划。2017 年 4 月 13 日，教育部等四部门出台了《关于实施第三期学前教育行动计划的意见》（教基〔2017〕3 号）。该意见提出，到 2020 年，全国学前三年毛入园率达到 85%、普惠性幼儿园覆盖率达到 80% 左右。同时，教育部印发《幼儿园办园行为督导评估办法》（教督〔2017〕7 号），加强对幼儿园的科学管理，保障幼儿合法权益。

截至 2016 年，全国共有少数民族幼儿园 4922 所，除山西和重庆外，其他省区均有分布。近 5 年，学前教育少数民族学生总数持续增加，从 2012 年的 283.82 万人到 2016 年的 412.85 万人，增加了 129.03 万人；少数民族学生占学生总数的比重从 7.70% 增加到 9.35%（见表 3-8）。

民族八省区中的大部分，学前 3 年毛入学率高于全国平均水平，其中，内蒙古达到 90.00%，比全国平均水平高 15 个百分点（见表 3-9）。

表 3-8 近 5 年学前教育少数民族学生总数及所占比重

类目	2016 年	2015 年	2014 年	2013 年	2012 年
少数民族学生占比(%)	9.35	8.81	8.56	8.10	7.70
少数民族学生数（万人）	412.85	375.89	346.91	315.59	283.82

数据来源：教育部及相关各省教育厅官方网站公布的教育统计数据。

表 3-9 学前 3 年毛入学率　　　　　　　　　　　　　　　　单位：%

年份	全国	内蒙古	广西	贵州	云南	西藏	青海	宁夏	新疆
2016 年	75.00	90.00	79.60	—	93.76	66.24	81.21	77.4	76.29
2014 年	70.50	87.00	70.40	74.00	59.24	59.11	77.07	66.99	72.42

数据来源：教育部及相关各省教育厅官方网站公布的教育统计数据。

到 2016 年，民族八省区共有幼儿园 33 888 所，占全国总数的 15.15%；少数民族幼儿园 3653 所，占全国总数的 74.22%。其中，幼儿园总数广西最多，为 10 397 所；少数民族幼儿园新疆最多，为 2318 所（见表 3-10）。

此外，2016 年，中央投入 10 亿元，扶持新疆新建和改扩建双语幼儿园 552 所。2017 年，新疆新建和改扩建 4408 所农村双语幼儿园。

表 3-10 2016 年全国和民族八省区幼儿园数　　　　　　单位：所

省区	幼儿园总数	民族幼儿园数
全国	223 683	4 922
内蒙古	3 516	364
广西	10 397	14
贵州	5 993	77
云南	6 540	29
西藏	882	252
青海	1 525	579
宁夏	788	20
新疆	4 247	2 318

数据来源：教育部官方网站公布的 2013 年、2014 年、2015 年、2016 年教育统计数据。

(二) 小学

在义务教育阶段,教育部会同有关部门实施了农村寄宿制学校建设工程、农村义务教育薄弱学校改造计划等,极大地改善了民族地区学校的办学条件。实施了农村义务教育经费保障机制,全部免除农村义务教育阶段学杂费,还为家庭经济困难学生免费提供教科书并补助寄宿生生活费。

从近 5 年小学阶段统计数据来看,少数民族学生总人数在所有学生总数中所占比例持续上涨,2012 年接受小学教育的少数民族学生占比为 10.78%,到 2016 年这一占比达到了 11.47%,共增加 182.52 万人(见表 3-11)。

表 3-11 近 5 年小学教育少数民族学生总数及其所占比例

类目	2016 年	2015 年	2014 年	2013 年	2012 年
少数民族学生占比(%)	11.47	11.3	11.2	11.12	10.78
少数民族学生数(万人)	1136.67	1094.97	1058.97	1040.95	954.15

数据来源:教育部官方网站公布的 2013 年、2014 年、2015 年、2016 年教育统计数据。

从 2016 年小学阶段统计数据来看,民族八省区中,内蒙古和宁夏的小学净入学率高于全国平均水平,其中内蒙古连续三年达到 100%,宁夏与上一年度持平,其他省区略低于全国平均水平。最低的为西藏,入学率为 99.12%。与上一年相比,增幅最大的是广西,增长了 0.19 个百分点(见表 3-12)。

表 3-12 小学净入学率 单位:%

年份	全国	内蒙古	广西	贵州	云南	西藏	青海	宁夏	新疆
2016 年	99.92	100.00	99.58	99.57	99.73	99.12	99.8	99.98	99.87
2015 年	99.88	100.00	99.39	99.48	99.68	98.94	99.77	99.98	99.85
2014 年	99.81	100.00	99.58	98.48	99.51	99.97	99.67	99.20	99.81
2013 年	99.71	99.86	99.60	99.29	99.50	99.59	99.73	99.50	99.80

数据来源:教育部官方网站公布的 2013 年、2014 年、2015 年、2016 年教育统计数据。

民族八省区中，青海全省小学 889 所，较上年减少 89 所；在校生 45.7893 万人，较上年增加 3903 人；小学净入学率为 99.8%，较上年提高 0.03 个百分点；专任教师 2.6408 万人，较上年减少 71 人，减少 0.27%；生师比由上年的 17.14∶1 增至 17.34∶1；专任教师学历合格率为 99.94%，下降 0.03 个百分点；专任教师中大专及以上学历教师占 96.04%，较上年提高 0.39 个百分点。宁夏全区共有小学 1536 所，在校生 58.29 万人，小学学龄儿童净入学率达到 99.98%，六年巩固率为 94.5%，比 2012 年提高 11.56 个百分点。2016 年，新疆全区小学 3526 所，在校生 215.94 万人，其中少数民族在校生 160.93 万人，占 74.52%。新疆全区小学学龄儿童净入学率达 99.87%，比上年提高 0.02 个百分点；小学毕业生升入初中阶段升学率为 99.60%，比上年减少 0.02 个百分点；全区小学专任教师 14.64 万人，少数民族专任教师 9.34 万人，占 63.80%，小学专任教师中高中及以上学历的合格教师占 99.98%，生师比 14.75∶1。云南全省共有小学 1.1673 万所，比上年减少 740 所；在校生 376.61 万人，比上年减少 1.16 万人；小学学龄儿童净入学率达到 99.73%；小学专任教师 22.7 万人，比上年增加 0.22 万；小学专任教师学历合格率 99.64%，比上年提高 0.07 个百分点，小学生师比 16.80∶1，与上年持平。

（三）初中阶段教育

受人口因素的影响，2012 年至 2016 年，普通初中少数民族学生总数有所波动，在 2012 年达到 477.93 万人，2013 年和 2014 年均低于 2012 年总数，2015 年增加至 480.80 万人，2016 年达到 487.30 万人，而少数民族学生占学生总数的比重仍逐年递增，2012 年少数民族学生总人数虽然较多，但所占比例为 10.03%，2013 年和 2014 年虽然总人数较 2012 年少，但所占比重比 2012 年高。2016 年，少数民族学生所占比重为 11.26%，我国的少数民族初中教育普及率不断得到提升（见表 3-13）。

表 3-13　近 5 年普通初中少数民族学生总数及所占学生总数比重

类目	2016 年	2015 年	2014 年	2013 年	2012 年
少数民族学生占比（%）	11.26	11.15	10.89	10.61	10.03
少数民族学生数（万人）	487.30	480.80	477.36	471.02	477.93

数据来源：教育部官方网站公布的 2012 年、2013 年、2014 年、2015 年、2016 年教育统计数据。

从民族八省区情况来看，初中教育普及水平不断提升。2016 年，青海全省共有初中 268 所，较上年减少 2 所。初中净入学率为 93.06%，较上年下降 1.03 个百分点。专任教师 16171 人，较上年增加 39 人，增长 0.24%；生师比由 13.21∶1 降至 12.86∶1。专任教师学历合格率 99.85%，较上年提高 0.13 个百分点；专任教师中本科及以上学历教师占 81.29%，较上年提高 1.71 个百分点。宁夏全区共有初级中学 245 所（含九年一贯制学校 77 所），在校生 27.47 万人。初中阶段毛入学率达到 104.53%，初中三年巩固率 93.2%，比 2012 年提高 2.75 个百分点。新疆全区有普通初中 1062 所，在校生 89.48 万人，其中少数民族在校生 61.62 万人，占在校生总数的 68.86%。初中阶段适龄少年净入学率达 98.84%，比上年提高 0.12 个百分点；初中毕业生升入高中阶段升学率为 92.15%，比上年提高 0.04 个百分点。初中专任教师 8.49 万人，少数民族专任教师 4.95 万人，占 58.30%。初中专任教师中专及以上学历的合格教师占 99.86%。生师比 10.54∶1。云南共有初中学校 1672 所（其中职业初中 2 所），比上年减少 10 所；在校生 187.32 万人，比上年减少 2.11 万人；初中阶段毛入学率为 106.91%，比上年提高 0.55 个百分点；初中毕业生升学率为 87.45%，比上年提高 1.75 个百分点；初中专任教师 12.65 万人，比上年增加 0.27 万人。初中专任教师学历合格率 99.54%，比上年提高 0.12 个百分点。生师比相比上年的 15.29∶1 提高至 14.81∶1。

六、高中阶段教育

（一）普通高中

2016 年，普通高中少数民族总人数在近 5 年间呈持续增长状态。从 2012

年的200.97万人增长到2016年的239.75万人,占比从8.15%提高到10.13%(见表3-14)。

表3-14 近5年普通高中少数民族学生总数及其所占比例

类目	2016年	2015年	2014年	2013年	2012年
少数民族学生占比(%)	10.13	9.66	9.15	8.66	8.15
少数民族学生数(万人)	239.75	229.27	219.59	210.91	200.97

数据来源:教育部官方网站公布的2012年、2013年、2014年、2015年、2016年教育统计数据。

从民族八省区情况看,2016年,青海全省共有普通高中106所,较上年增加5所,在校生120 304人,较上年增加3676人,增长3.15%;普通高中专任教师由上年的8664人增加到8923人,增加259人;生师比由上年的13.46∶1增至13.48∶1;专任教师学历合格率为94.98%,比上年提高0.42个百分点。宁夏全区共有普通高中62所,在校生15.2万人;高中阶段毛入学率达到91.35%,比2012年提高3.08个百分点,高于全国平均水平3.85个百分点。新疆全区高中阶段教育(包括普通高中、中等职业学校、技工学校)学校619所,在校学生85.72万人。高中阶段毛入学率为89.86%,比上年提高1.25个百分点。云南全省普通高中480所,比上年增加15所;在校生为80.58万人,比上年增加2.3万人;专任教师5.39万人,比上年增加0.24万人,生师比14.96∶1,比上年提高0.24;专任教师学历合格率为98.02%,比上年升高了0.19个百分点。

(二)内地班(校)

20世纪80年代,西藏人才紧缺、教育基础相对薄弱,党中央决定在内地举办西藏班(校)。1984年,中央第二次西藏工作会议作出了全国各地支援西藏教育的决定。中共中央印发22号文件,决定在内地创建西藏学校、开办西藏班,1985年开始招生。1999年,国家为实施西部大开发,加快新疆少数民族人才的培养，在总结西藏经验的基础上，在内地发达省区、市举办新疆高中班。国务院转发了教育部等部门《关于进一步加强少数民族地区人才培养工作的意见》（教民字1999〔85〕号）和教育部下发《关于内地有关城市开办新疆高中班的实施意见》（教民字1999〔2〕号）文件。2000年4月6日，教育部在北京召开会议部署内地有关城市开办新疆高中班工作，确定在北京、上海、天津、南京、杭州、广州、深圳、大连、青岛、宁波、苏州、无锡等城市开办新疆高中班，办学方式主要采取异地办班、寄宿制管理，实行定点、包干负责制。内地新疆学生高中毕业后，按国家有关政策升入高一级学校继续深造。内地班这种办学方式使新疆、西藏的学生能直接地享受到内地优质教育资源，有效地提高了学生的综合能力和水平，深受新疆、西藏广大干部群众的欢迎。目前，全国有21个省份开办了西藏班，为西藏培养了近4万人才，其中70%来自农牧民家庭。到2016年秋季，内地新疆高中班累计招收17届9万余名各族应届初中毕业生，在校生规模达到3.8万余名。

七、高等教育

（一）少数民族学生比例保持稳定

2016年，高等教育阶段的少数民族学生达339.58万人，占全国学生人数的8.12%。少数民族研究生有11.53万人，占全国研究生总数的5.82%。其中，博士研究生2.1865万人，占总人数的6.39%；硕士研究生9.3456万人，占总人数的5.7%，普通本专科人数231.82万人，占总人数的8.6%。从近5年的数据来看，普通本专科少数民族的人口总数和所占比例均持续增加，从2012年的177.96万人增加到2016年的231.82万人，增加了近54万人，少数民族学生占学生总数的比重取得了较大了增长（见表3-15）。

表 3-15 普通本专科少数民族学生总数和所占比例

类目	2016年	2015年	2014年	2013年	2012年
少数民族学生占比（%）	8.60	8.16	7.82	7.47	7.44
少数民族学生数（万人）	231.82	214.30	199.24	184.45	177.96

数据来源：教育部官方网站公布的2012年、2013年、2014年、2015年、2016年教育统计数据。

中央民族工作会议提出，要进一步提高内地高校特别是重点高校在民族地区和农村地区的录取比例。国家通过实施重点高校招收农村和贫困地区学生的三大专项计划——国家专项计划、地方专项计划和高校专项计划，使重点高校招收农村和贫困地区的比例不断提高。2017年，3个专项计划共录取农村和贫困地区学生10万人，较2016年增加8500人，增长9.3%。2011—2016年，中国人民大学来自四川、贵州、云南等西部省份的新生占比由28.7%增至39.76%。在北京大学、清华大学等名校，来自民族地区的学生比例近年来也有显著提高。此外，国家支援中西部地区招生协作计划共招收28.7万人，录取率最低省份与全国平均水平差距缩小至4个百分点。

少数民族高考加降分和报考研究生优惠政策的持续作用，预科班的举办和少数民族高层次骨干计划的实施，使更多的少数民族青年获得接受高等教育的机会。到2017年，少数民族高层次骨干计划招生单位为141所，录取骨干计划硕士近4000人，博士1000余人，分别是2006年的4倍多和5倍。截至2017年9月，该计划已累计为西部少数民族地区培养高层次骨干人才4.5万余人。

（二）民族地区高校和民族院校不断发展

据统计，截至2016年，民族八省区共有高校345所，其中广西和云南分别有73所和72所，是民族地区高校数量最多的省区。

2017年9月，教育部、财政部、国家发改委联合印发《关于公布世界一流大学和一流学科建设高校及建设学科名单的通知》，公布世界一流大学和一流学科（简称"双一流"）建设高校及建设学科名单。其中，中央民族大学同时入选一流大学建设高校（A类）和一流学科建设高校；云南大学和新疆大学入选一流大学建设高校（B类），内蒙古大学、广西大学、贵州大学、西藏大学、青海大学、宁夏大学和石河子大学入选一流学科建设高校（见表3-16）。

表3-16 民族八省区高校分布情况 （单位：个）

省（区）	高校数	一流大学建设高校数	一流学科建设高校数	985高校数	211高校数
内蒙古	53	0	1	0	1
广西	73	0	1	0	1
贵州	64	0	1	0	1
云南	72	1（B类）	0	0	1
西藏	7	0	1	0	1
青海	12	0	1	0	1
宁夏	18	0	1	0	1
新疆	46	1（B类）	1	0	2
合计	345	2	7	0	9

数据来源：教育部官方网站。

八、职业教育

职业教育作为我国教育事业的重要组成部分，在社会经济发展中发挥着重要作用。对于民族地区来说，职业教育是解决劳动力就业、增加群众收入的重要途径。习近平总书记在2014年全国职业教育工作会议召开之际作出的重要指示中强调，加大对农村地区、民族地区、贫困地区职业教育支持力度，就是要"努力让每个人都有人生出彩的机会"。党的十九大报告提出要"完善职业教育和培训体系，深化产教融合、校企合作"，这是对中国特色职业教育的新定位、新要求，也是习近平总书记教育思想的重要内容。管培俊曾提到："2015年，全国人大常委会执法检查报告显示，自1996年《职业教育法》颁布以来，职业教育事业取得巨大成就。我国已建成世界规模最大的职业教育体系，基本覆盖国民经济各领域，成为我国技术技能人才的重要来源。中央和地方财政每年安排180亿元，资助中职学生近1200万人，并免除涉农专业学生、家庭经济困难学生学费。全国组建56个行业职业教育教学指导委员会，建成一批职业教育集团，广泛开展产教对话。①

2016年，四川省大力发展职业教育，帮助人口集中和产业发展薄弱的贫困地区建好一批中等职业学校，组织优质中等职业学校与贫困地区中等职业学校结对子，支持和资助集中连片特困地区初中毕业生到中职学校接受职业教育，近五年累计培养中职毕业生223.78万人。通过中职学校与企业联合培训、落实毕业生就业、创业帮扶政策、推荐报考乡镇基层部门等方式，大力促进贫困家庭学生就业，中职毕业初次就业率达到98%以上。利用中职学校师资力量，借助农民夜校等平台，重点针对农村产业发展和未升学的初、高中毕业生，实施农业技术、建筑、电商等培训，帮助其掌握至少一门技能，促进贫困家庭和贫困人口脱贫致富。

贵州省实施扶智计划，运用扶贫云等大数据平台准确掌握贫困生基数和动态，实行初三学生整班移交，并遴选100所职业学校挂牌建设"百校扶贫基地"，面向深度贫困地区开办200余个全免费、订单式就业精准脱贫班，2017年全省职业院校招收建档立卡贫困学生4.1万名。在落实国家资助政策的基础上，对建档立卡贫困学生实施免除教科书费、住宿费并补助扶贫专项助学金的省级职业教育精准扶贫学生资助政策。此外，通过三年中职或高职教育，将贫困家庭学生培养成德技兼修、自立自强、阳光自信的技术技能人才，并通过订单培养、工学交替、重点推荐等方式，确保毕业后顺利就业。

九、双语教育

双语教育是我国民族教育的主要形式，是我国民族政策、语言政策平等公正的具体表现。国家实施专项计划为双语教育输送师资，国培计划向民族地区农村中小学特别是双语教师倾斜，特岗教师也优先保障双语教师需求。教育部

---

① 管培俊.产教融合：民族地区加快发展职业教育的关键路径[N].中国教育报，2018-01-06.

直属师范大学实行的师范生免费教育计划、农村义务教育阶段学校教师特设岗位计划和农村学校教育硕士师资培养计划等项目每年为民族地区输送农村教师近5万人。

在新疆维吾尔自治区，双语教育得到有效推进。2016年，中央投入10亿元，扶持新建和改扩建双语幼儿园552所。在西藏自治区，2016年新建双语幼儿园442所。青海省实施双语定向师范生免费教育计划，面向六州招收240名优秀高中生学习小学全科及理科专业，从源头上提升中小学教师培养质量，缓解农牧区教师学科结构性矛盾。

第三节　少数民族教育发展面临的困难及建议

一、民族教育发展面临的困难

（一）发展水平不均衡

（1）不同层次的教育中少数民族学生比例相差较大。根据教育部公布的数据，到2016年年底，全国学前教育、普通小学、初中、普通高中在校生中，少数民族学生占比依次为9.35%、11.47%、11.26%和10.13%；而普通本专科、研究生在校生中，少数民族学生占比分别为8.6%和5.12%。从统计数据可以看出，少数民族学生的比例呈现"两端底、中间高"的趋势，即学前教育及高等教育占比较低，研究生层次仍低于全国少数民族人口比例。[①]

（2）从义务教育阶段看，2014年民族八省区九年义务教育巩固率均低于全国平均水平，2016年义务教育水平有明显提升，但发展水平不均衡，广西与全国平均水平持平，西藏仍低于全国平均水平（见表3-17）。

---

① 第六次人口普查数据中，少数民族人口占比为8.41%。
② 九年义务教育巩固率，即一个学校人数与毕业人数的百分比。

表 3-17 义务教育巩固率　　　　　　　　　　　　　　　单位：%

年份	全国平均	内蒙古	广西	贵州	云南	西藏	青海	宁夏	新疆
2016	93.40	—	93.40	—	93.50	91.42	93.69	94.50	—
2014	92.60	85.43	90.30	85.00	92.20	82.14	88.00	85.32	89.31

数据来源：教育部官方网站公布的 2014 年、2016 年教育统计数据。

（3）职业教育发展存在瓶颈。全国中职招生人数占高中阶段教育招生总数的比例，由 2009 年的 0.51 减少到 2016 年的 0.42；中职在校生占比 0.4。其中，民族八省区中职招生数占比 0.38，均低于全国平均数；中职在校生占比 0.36，远低于全国平均数。目前，全国 10 个职教比例不足 40% 的省区，有 7 个是少数民族和民族地区集中的区域。①

（二）师资队伍建设存在短板

从 2016 年民族八省区各级普通学校的生师比可以发现，不同省区各级学校生师比全国平均水平存在很大差异。有 5 个省区的普通高校、6 个省区的中等职业学校、4 个省区的普通高中、5 个省区的初中、3 个省区的普通小学的生师比高于全国平均水平。生师比较大的主要集中在中等职业学校，相比全国平均水平，广西高出 14.01 个百分点，贵州高出 11.42 个百分点，青海高出 10.46 个百分点，宁夏高出 9.56 个百分点，新疆高出 4.61 个百分点；广西的普通高中和初中分别比全国平均水平高出 3.57 个、3.69 个百分点，贵州的普通高中和初中则分别高出 2.63 个、2.47 个百分点（见表 3-18）。

与东部地区相比，民族地区的教师资源没有东部地区充裕，教师数量有一定的缺口，尤其是中等职业的学校教师近几年都存在较大缺口。

---

① 管培俊. 产教融合：民族地区加快发展职业教育的关键路径 [N]. 中国教育报，2018-01-06.

表 3-18　2016 年各级普通学校生师比（教师数 =1）

省区	普通高校	中等职业学校	普通高中	初中	普通小学
全国	17.07	19.68	13.65	12.41	17.12
内蒙古	17.37	14.72	12.89	10.73	13.47
广西	17.78	33.69	17.22	16.10	19.41
贵州	18.02	31.10	16.28	14.88	17.93
云南	18.80	22.67	14.96	14.81	16.59
西藏	15.35	14.02	11.41	11.96	14.37
青海	15.26	30.14	13.48	12.86	17.34
宁夏	17.07	29.24	14.29	13.92	17.09
新疆	17.40	24.29	13.10	10.54	14.75

数据来源：国家统计局.中国统计年鉴 2017[M].北京：中国统计出版社，2017.

（三）办学条件有待继续改善

一是从校园危房面积比例来看，中东部地区一些经济较发达的城市校园中已没有危房，而 2016 年数据显示，民族八省区学校产权校舍中危房面积近 28 万平方米，占学校产权校舍总面积的 0.30%，是全国平均水平 0.16% 的近 2 倍（见表 3-19）。

表 3-19　2016 年民族八省区学校产权校舍危房面积

类目	学校产权校舍面积（万㎡）	危房面积（万㎡）	占比（%）
民族八省区	9 212.50	27.75	0.30
全国平均	84 017.61	132.60	0.16

数据来源：教育部官方网站公布的 2016 年教育统计数据。

二是从生均办学条件指标来看，生均校舍面积中新疆的小学生均校舍面积，广西、贵州、云南和宁夏的初中校舍面积，广西、贵州、云南、青海、宁夏和新疆的高中生均校舍面积，均低于全国平均水平。从表 3-20 数据中可以看出，民族八省区小学的生均校舍面积较为充足，初中、高中相对不足；贵州的高中生均校舍面积较全国平均少近 5 平方米；生均拥有图书数量中，青海的小学、初中和高中生均图书数量均高于全国平均水平；贵州、云南的小学生均图书数及贵州、新疆的初中生均图书数与全国平均数持平外，其余均低于全国平均水平；新疆的小学和高中分别比全国平均数少 8 册和 9 册；生均教学仪器设备资产值中，内蒙古的小学、初中和高中生均教学仪器设备资产值，西藏、宁夏和新疆的小学，宁夏和新疆的初中，内蒙古和宁夏的高中生均教学仪器设备资产值高于全国平均水平，其余均低于全国平均值，其中云南的初中生均仪器设备资产值与全国平均水平相差近一半。

表 3-20 2016 年生均办学条件指标

省区	生均校舍面积（㎡）			生均教学仪器设备资产值（元）			生均图书（册）		
	小学	初中	高中	小学	初中	高中	小学	初中	高中
全国平均	7.16	13.36	20.76	1200.75	2009.66	3325.05	22	34	37
内蒙古	9.26	15.72	21.11	1904.78	2905.58	3552.95	19	31	30
广西	7.71	11.47	17.10	960.44	1338.22	1841.13	21	30	28
贵州	7.16	11.21	15.79	789.27	1186.14	2097.81	22	34	34
云南	8.31	10.07	19.90	939.19	1072.53	2165.39	22	26	35
西藏	13.00	17.39	22.11	1360.57	1535.83	2434.89	16	25	29
青海	8.76	15.51	19.77	764.67	1620.51	2632.32	23	42	46
宁夏	7.60	12.11	17.40	2618.80	3631.33	3458.45	20	31	36
新疆	6.11	14.71	20.61	1275.33	2689.77	3057.41	14	34	28

数据来源：教育部官方网站公布的 2016 年教育统计数据。

三是从教育信息化程度来看，广西、贵州、云南、新疆 2016 年小学每百名学生拥有计算机台数低于全国平均水平；广西、贵州、云南、西藏的初中每百名学生拥有计算机台数低于全国平均水平；在高中，除了青海和宁夏外，其余 6 个省区每百名学生拥有计算机台数低于全国平均水平。广西小学和初中仅为 6 台和 9 台，约为全国平均水平的 1/2。

广西、云南、西藏、青海和新疆2016年小学每百名学生拥有网络多媒体教室的数量低于全国平均水平，广西、贵州、云南、西藏、青海和宁夏初中与高中每百名学生拥有多媒体教室数低于全国平均水平（见表3-21）。

表3-21　2016年生均办学条件指标

省区	每百名学生拥有计算机数（台）			每百名学生拥有网络多媒体教室数（间）		
	小学	初中	高中	小学	初中	高中
全国平均	11	17	21	1.86	2.37	2.70
内蒙古	14	19	19	2.58	3.01	2.75
广西	6	9	12	1.34	1.64	1.68
贵州	9	13	13	2.20	2.19	2.23
云南	9	11	19	1.43	1.41	2.40
西藏	15	15	14	1.32	1.25	1.94
青海	14	21	24	1.21	1.88	2.17
宁夏	17	21	22	2.21	2.36	2.46
新疆	10	19	20	1.75	3.00	2.79

数据来源：教育部官方网站公布的2016年教育统计数据。

（四）经费投入不均衡

1. 民族地区生均教育经费普遍偏低

2016年，广西、云南、宁夏三省区的普通小学，广西、贵州、云南、宁夏四省区的普通初中、普通高中、中等职业学校，内蒙古、广西、贵州、云南、新疆五省区的普通高等学校的生均预算内教育事业费全面低于全国平均水平，其中广西普通小学生均预算内教育事业费相当于全国平均水平的80.46%，普通初中生均预算内教育事业费仅相当于全国平均水平的70.87%，普通高中生均预算内教育事业费相当于全国平均水平的75.73%；贵州的中等职业学校生均预算内教育事业费相当于全国平均水平的52.54%；广西的普通高等学校生均预算内教育事业费相当于全国平均水平的76.67%。西藏、青海的所有指标均高于全国平均水平（见表3-22）。

从不同教育阶段来看，民族八省区在高等学校的生均预算内教育事业费相对其他阶段教育投入较多。

表 3-22　2016 年各级教育生均公共财政预算教育事业费　　单位：元

省区	普通小学	普通初中	普通高中	中等职业学校	普通高等学校
全国	9 557.89	13 415.99	12 315.21	12 227.70	18 747.65
内蒙古	13 109.32	16 301.67	14 333.65	16 389.99	18 298.34
广西	7 690.45	9 507.61	9 326.70	9 754.12	14 374.16
贵州	9 659.17	10 131.84	9 637.74	6 425.03	15 586.11
云南	8 931.35	10 822.06	10 370.21	11 220.00	14 931.80
西藏	24 237.46	24 605.62	27 454.25	30 228.19	33 384.17
青海	11 948.81	14 915.34	14 062.50	12 867.51	24 694.50
宁夏	8 719.91	11 929.40	10 899.08	10 561.81	27 272.72
新疆	12 133.41	17 410.13	14 772.19	13 332.91	18 188.38

数据来源：国家统计局．中国统计年鉴 2016[M]．北京：中国统计出版社，2016．

2. 经费地区投入不均衡

近年来，国家重点对新疆、西藏给予较大力度支持，而民族八省区中其他民族省区获得的支持较少，如从 2016 年的普通小学、普通初中、普通高中和普通中等职业学校，以及普通高等学校的生均预算内教育事业费来看，其他六省的平均经费仅相当于西藏和新疆平均经费的 55.04%、58.40%、54.18%、51.44%、74.43%（见表 3-23）。

表 3-23　2016 年六省区与新疆、西藏平均生均预算内教育事业费　　单位：元

类目	普通小学	普通初中	普通高中	中等职业学校	普通高等学校
新疆、西藏两省区平均	18 185.44	21 007.88	21 113.22	21 780.55	25 786.28
六省区平均	10 009.84	12 267.99	11 438.31	11 203.08	19 192.94

数据来源：国家统计局．中国统计年鉴 2016[M]．北京：中国统计出版社，2016．

二、发展对策与建议

（一）进一步加大对民族教育的投入力度

赵希、张学敏[①]通过对民族八省区 2005—2014 年 10 年间教育经费投入情况的分析认为：应鼓励和引导社会力量支持民族教育，建立"立体式"民族教育经费筹措渠道；应落实民族地区教育供给侧改革，完善民族地区教育经费投入保障机制；应重视应用型人才培养，加大对民族地区职业教育和高等教育的投入力度。

羌洲和马挺[②]提出拓展教育经费来源渠道，形成稳定、灵活、多元的经费筹资体系；建立健全民族教育经费投入、使用的监督问责机制；系统构建民族教育经费保障体系，实现教育经费管理体系的率先现代化；创新教育经费投入思路，选择试点地区进行民族教育创新试验。

（二）继续加强教师队伍建设

钟海青[③]通过对边境民族地区的调研，对教师队伍建设提出了思考，提出应建立和完善边境教师激励保障机制，大幅度提高边境教师工资标准；对边境教师编制设置采取相对灵活的政策；创新边境农村教师补充机制，吸引更多优秀人才到边境乡村从教；加大培养和培训力度，大幅度提高边境教师的素质和能力；加大教育对口支援力度，帮助边境地区建设合格的教师队伍等建议。

张建[④]对民族教育现代化背景下师资队伍建设进行了研究，提出有计划招录双语教师，提高教师待遇，加强双语教师培训，着力提高双语教育质量；要重视和发展民族师范教育；针对偏远山区少数民族特殊实际，采取定向或者划定名额等招考政策，补充通晓民族语言的教师；建立教师教育职前培养和在职培训的教育一体化体系，提高民族教育教师素养现代化水平。

---

① 赵希，张学敏.我国民族八省区教育经费投入回顾与前瞻——基于 2005—2014 年的数据分析[J].教育发展研究，2016（17）.
② 羌洲，马挺.监督问责和多元参与：民族教育现代化的经费保障机制研究[J].民族教育研究，2017（1）.
③ 钟海青.加强教师队伍建设：边境民族教育脱贫的重要基础[J].中国民族教育，2017（1）.
④ 张健.优化民族地区师资队伍 促进民族教育现代化[J].教育发展研究，2017（17）.

（三）采取有效措施，重点做好义务教育阶段控辍保学工作

在党的十九大召开期间，教育部党组书记、部长陈宝生在"满足人民新期待，保障改善民生"主题记者招待会上谈到教育改革的三个"硬骨头"时强调，其中一个"硬骨头"是义务教育阶段控辍保学。在党的十九大召开前，国务院办公厅印发《关于进一步加强控辍保学提高义务教育巩固水平的通知》（国办发〔2017〕72号）。2011年，我国全面实现"两基"目标以来，各地巩固"普九"工作取得了显著成效，义务教育入学率、巩固率持续提高，我国九年义务教育普及水平已经超过世界高收入国家平均水平。2015年，全国九年义务教育巩固率达93%，如期实现了教育规划纲要提出的中期目标，2016年达到93.4%。但少数农村地区特别是老少边穷岛地区仍不同程度存在失学、辍学现象，实现2020年义务教育巩固率达到95%的目标将面临严峻的挑战。

崔曼琳[①]等通过对中国西部少数民族农村地区一万多名小学生的调查数据分析，提出政府应尤其重视义务教育阶段西部少数民族农村学生的辍学问题；因学业表现因素对少数民族学生辍学的影响尤为重要，因此，通过改善学生的学业表现、提高预期（例如升学），是减少学生辍学的有效途径；提高教师授课质量或促使教师为学生投入更多精力，是提高学生学业表现的潜在途径；为降低家庭为学生入学投入的成本及损失的机会成本，可为入学学生家庭提供一定补助；应在某些地区加强宣传教育的重要性。

雍会、胡立起[②]从政府层面建议加大教育投入，提高办学条件；合理规划学校布局，集中教育资源；增加社会就业，提高青少年学习积极性；加强宣传和监管，惩处辍学行为。在学校层面，加强双语教学，为学生学习打下基础；定期组织教师培训，提高教师教学水平；加强学校管理，建立健全学校日常管理体系，用制度和机制约束教师和学生行为。在家庭与学生层面，要转变教育观念，积极创造学习条件；要教育学生树立远大的人生理想。

---

① 崔曼琳，鲁美辰，常芳，王欢，等.谁在辍学？——来自中国西部少数民族农村地区的证据[J].劳动经济研究，2017，5（2）.

② 雍会，胡立起.青少年辍学行为、影响因素与控辍措施研究——基于新疆少数民族聚居区的调查[J].民族教育研究，2016，1（27）.

古伟霞[①]通过对广西民族地区农村中小学辍学率的调查，提出应新建或恢复独立教学点，方便学生入学；采取针对性策略，促进学业困难学生发展；提高民族地区教育拨款，改善教育设施，以此解决民族学生读书困难的情况；提高乡村学校教师收入，实行国家教育公务员制。

（四）加强对民族教育的科学研究

陈立鹏等[②]认为，虽然民族教育科研、教研工作取得了较快发展，但由于起步晚、底子薄，获得的财政支持或其他经费投入相对有限，民族教育科研工作的整体水平仍然不高。研究方法仍以思辨性为主，实证研究和应用研究相对不足，科研力量较为分散，缺乏有效整合。教研工作缺乏顶层设计、整体协调和工作评估，对教育教学实践的指导性不强。总体看来，民族教育科研、教研工作还不能为学校提高办学水平、为教师提高教学水平提供有力支撑。因此，他们提出：要丰富研究类型，坚持定性研究与定量研究相结合，研究要深入民族地区边远、贫困、乡村基层，深入学校，深入课堂，通过开展田野调查、教学实验、政策试点等多种方式探索民族教育规律；要引导和支持高等院校特别是民族高校进一步优化学科结构，凝练方向、突出重点，建设一批一流学科；要围绕政策决策、学术前沿，促进学科交叉融合，培育一批高水平的民族教育研究基地等。

张强等认为，为使民族教育科研工作取得更大的突破，下一阶段应着力加强以下工作，加强民族教育科研工作体制机制创新；加强民族教育科研工作顶层设计；聚焦民族教育领域重点问题。[③]

参考文献：

[1] 王延中.中国民族发展报告（2017）[M].北京：社会科学文献出版社，2017.

---

① 古伟霞.广西民族地区农村中小学辍学率的调查[J].教育教学论坛，2016（41）.
② 沈沫，陈立鹏，张承洪."十三五"时期民族教育发展展望[J].民族教育研究，2017（3）.
③ 张强，陈立鹏，李芳.制度健全 方向正确 科学健康 有序发展——党的十八大以来我国民族教育科研工作的成绩与经验[J].中国民族教育，2017（10）.

[2] 张诗亚. 中国民族教育发展报告（第3辑）[M]. 北京：科学出版社，2017.

[3] 国家统计局. 中国民族统计年鉴 2015[M]. 北京：中国统计出版社，2017.

[4] 吴霓，等. 中国民族教育发展报告 [M]. 北京：教育科学出版社，2013.

[5] 管培俊. 产教融合：民族地区加快发展职业教育的关键路径 [N]. 中国教育报，2018-01-06.

[6] 赵希，张学敏. 我国民族八省区教育经费投入回顾与前瞻——基于 2005—2014 年的数据分析 [J]. 教育发展研究，2016（17）.

[7] 钟海青. 加强教师队伍建设：边境民族教育脱贫的重要基础 [J]. 中国民族教育，2017（1）.

[8] 张健. 优化民族地区师资队伍 促进民族教育现代化 [J]. 教育发展研究，2017（17）.

[9] 崔曼琳，鲁美辰，常芳，王欢，等. 谁在辍学？——来自中国西部少数民族农村地区的证据 [J]. 劳动经济研究，2017，5（2）.

[10] 雍会，胡立起. 青少年辍学行为、影响因素与控辍措施研究——基于新疆少数民族聚居区的调查 [J]. 民族教育研究，2016，1（27）.

[11] 古伟霞. 广西民族地区农村中小学辍学率的调查 [J]. 教育教学论坛，2016，10（41）.

[12] 沈沫，陈立鹏，张承洪. "十三五"时期民族教育发展展望 [J]. 民族教育研究，2017（3）.

[13] 羌洲，马挺. 监督问责和多元参与：民族教育现代化的经费保障机制研究 [J]. 民族教育研究，2017（1）.

第四章　少数民族语言

马衣努·沙那提别克[*]

2017年是"十三五"规划实施的第二年,也是贯彻落实第六次全国民族教育工作会议精神重中之重的一年。本章将对2017年的少数民族语言事业的发展现状、相关的语言政策、学术研究作一个梳理,以期为国家不断推进少数民族语言事业提供政策参考,同时为相关学术研究提供基础信息。

第一节　少数民族语言的发展现状

我国是一个统一的多民族国家,由56个民族组成。从语言种类来看,除了汉语以外,55个少数民族使用80种以上的语言,其中24个民族正在使用着33种文字。[①]这些语言分属东方的汉藏语系,西方的印欧语系,北方的阿尔泰语系和南方的南亚语系、南岛语系。

一、少数民族语言文字出版事业

一直以来,我国对少数民族文化事业及文化产业的扶持力度很大。目前,

---

[*] 马衣努·沙那提别克,中央民族大学中国少数民族研究中心、少数民族事业发展协同创新中心讲师。
[①] 目前学术界对此说法不一。本文采用戴庆厦教授的观点,即中国少数民族使用80种以上的语言和33种文字。参见:戴庆厦.论开展全国第二次民族语言使用现状大调查的必要性[J].民族翻译,2014(3):6。

我国已有民族文字图书的各类出版社32家，25种使用少数民族语言播音的广播电台（站），11个少数民族语言电影译制中心，可进行17个少数民族语种、37种少数民族方言的译制。① 以少数民族语言文字出版事业为例，目前已经形成了集出版、印刷、发行于一体的相对完善的出版体系，出版内容囊括社会、文化、政治、经济等各个领域，发行范围涉及国内外，出版语言包括蒙古、藏、维吾尔、哈萨克、朝鲜、彝、壮等少数民族语言。

为了让少数民族了解党的路线、方针、政策和普及国家法律法规，民族语言出版界推出了一系列少数民族语言出版物。例如，在党的十九大期间，中国民族语文翻译局将十九大报告内容翻译成蒙古、藏、维吾尔、哈萨克、朝鲜、彝、壮7种少数民族语言文字，将大会精神准确无误地传达给少数民族代表及各族群众，为中央人民广播电台和9个省、自治区提供了十九大报告民族文译稿，为中央及地方媒体用少数民族语言文字报道大会盛况提供了切实保障，同时向中国国际广播电台提供了大会主要文件朝鲜（韩）文译稿。随后，习近平总书记在中国共产党第十九次全国代表大会上所作的报告《决胜全面建成小康社会夺取新时代中国特色社会主义伟大胜利》的蒙古、藏、维吾尔、哈萨克、朝鲜、彝、壮等7种少数民族文字单行本日前已由中国民族语文翻译局翻译，民族出版社出版，面向全国公开发行。同时，《党的十九大报告辅导读本》《党的十九大报告学习辅导百问》的少数民族文字版也先后出版发行。此外，中国民族语文翻译局翻译、民族出版社出版了党的十九大审议通过的《中国共产党章程》（蒙古、藏、维吾尔、哈萨克、朝鲜、彝、壮）等7种少数民族文字单行本，以及《十九大党章修正案学习问答》的少数民族文字版。为了向少数民族群众普及国家法律法规，中国民族语文翻译局翻译、民族出版社出版发行了《中华人民共和国民法总则》的7种少数民族文字版的单行本。

为了深入开展民族团结宣传教育活动，2017年国家新闻出版广电总局、国家民委继续推出"百种优秀民族图书"活动。与此同时，各地区也积极推动

---

① 姜岚．马克思民族语言观发展及其中国化实践研究[J]．贵州民族研究，2017（6）：224–225．

民文图书的出版工作。例如，2017年9月12日，国家吉林民文出版基地在吉林省延边州正式成立，规划年出版朝鲜文图书500~600种。

少数民族语言文学界的成果也颇丰，极大地丰富了少数民族群众的阅读需求。2017年度中国少数民族作家学会文学奖在海南省陵水黎族自治县揭晓：苗族作家刘萧的《筸军之城》（长篇小说），裕固族作家铁穆尔的《苍天的耳语》（散文集），回族作家王树理的《大道通天》（散文集），普米族作家鲁若迪基的《时间的粮食》（诗歌集），蒙古族作家包广林的《二十世纪中国蒙古族学者》（报告文学集）5部作品获"优秀作品奖"；满族作家赵玫的《蝴蝶飞》（中篇小说），藏族作家尹向东的《河流的方向》（短篇小说），彝族作家左中美的《拐角，遇见》（散文），瑶族作家林虹的《江山交付的下午》（散文），白族作家冯娜的《冯娜的诗歌》（诗歌）5部作品获"单篇优秀作品奖"；黎族青年诗人李其文的《往开阔地去》（诗歌）和汉族学者刘大先的《文学的共和》（文学评论）2部作品获"新锐奖"。①此外，2017年国家新闻出版广电总局组织的"少数民族作家海外推广计划"正式启动。在2017年4月召开的"第27届阿布扎比国际书展"上，由中国出版集团所属中译出版社与埃及希克迈特文化投资出版公司合作出版的中国少数民族作家丛书第一辑5本阿语版图书（叶梅的《歌棒》、叶尔克西的《远离严寒》、金仁顺的《僧舞》、娜夜的《睡前书》、赵玫的《叙述者说》）亮相。②

随着"一带一路"建设的不断推进，我国语言学界越来越重视学习周边国家的语言文化，尤其是中亚五国的语言。2017年6月，中央民族大学少数民族语言文学学院胡振华教授编著的《吉尔吉斯语教程》在中央民族大学出版社出版，全书共388页，45万字，包括50篇课文及10课补充材料。本教程对吉尔吉斯共和国，吉尔吉斯族及吉尔吉斯族族称，吉尔吉斯族族名传说，吉尔吉斯族部落划分，吉尔吉斯语的语音、语法、词汇、方言及古文字、文献等情

---

① 赵晏彪.2017年度中国少数民族作家学会文学奖揭晓[EB/OL].[2017-12-24].http：//www.mzb.com.cn/html/report/171224291-1.htm.
② 赵晏彪.少数民族文学 向世界展示中华文化多样性[EB/OL].[2017-10-23].http：//www.mzb.com.cn/html/report/171024140-1.htm.

况都做了介绍。[①]同年,中央民族大学少数民族语言文学学院托汗·依萨克等人撰写的《中国〈玛纳斯〉学词典》在中央民族大学出版社出版。在此前,中国学者研究《玛纳斯》史诗时主要参考哈萨克斯坦和吉尔吉斯斯坦学者出版的相关文献。《中国〈玛纳斯〉学词典》的出版成为中国《玛纳斯》学研究重要的工具书。

2017年,少数民族语言文学、人类学、民族学领域也推出了一系列研究成果。李斯颖的《壮族布洛陀神话研究》,杨恩洪的《民间诗神——格萨尔艺人研究》,高荷红、罗丹阳的《哲乐之思:口头诗学的本土化实践》,杜拉尔·斯尔·朝克的《鄂温克语民间故事》,刘红的《傣泰民族民间故事研究》,仁钦·道尔吉和郎樱合著的《中国史诗》等著作,推动了少数民族语言文字的发展。此外,2017年5月10日,由中国社会科学院民族学与人类学研究所、广西壮族自治区社会科学院主办,广西壮族自治区民宗委协办的"口述中国民族工作多媒体数据库"项目座谈会暨启动仪式在南宁举行。"口述中国民族工作"项目在对口述史料的收集方法上一改以往单一运用文字、音频、录像记录口述的模式,采用具有集成性、实时性和交互性特点的多媒体计算机技术处理声文图信息,旨在建立首个完善的中国民族工作历史的多媒体数据库,是一项丰富民族工作史料库的基础工作。项目通过收集中华人民共和国建立前后,党的民族工作者在相关领域作出的突出贡献,填补民族工作史料库的空白,为新时期党的民族工作、民族政策、民族问题研究等方面提供借鉴和启迪。

科普类读物也是2017年民文出版业的重点。例如,由云南省委宣传部组织专家编译的民族文字版《农村工作实用小百科丛书》由云南人民出版社和云南民族出版社出版发行,帮助少数民族农民提高科学文化素质。丛书包括《农村实用科技110问》《农村基本政策100问》《农村法律法规150问》《农村社会发展220问》《农村民主政治200问》《农村经济工作270问》等6册。

---

① 胡振华.吉尔吉斯语教程[M].北京:中央民族出版社,2017.

除了民文图书出版业，民族语言音像制品也取得了成果。2017年民族题材电影蓬勃发展，包括《冈仁波齐》《皮绳上的魂》《金珠玛米》《侗族大歌》等，创造了民族题材影片进入院线的数量新高，表明少数民族题材电影的生产正在实现一轮新的跨越性增长。青海省果洛藏族自治州电视台导演斗拉加的纪录片《冬虫夏草》，以青海省海东市循化撒拉族自治县还俗僧人宗智前往果洛藏族自治州玛沁县采挖虫草为线索，使用自下而上的日常视角，揭示了虫草经济对当地社会各个群体的影响。① 此外，民族题材电视剧也取得了很好的成绩。例如，以凉山彝族自治州脱贫攻坚为背景创作的电视剧《索玛花开》讲述了彝族贫困百姓在扶贫干部的带领下，经过艰苦努力，脱贫致富的故事，塑造了一批优秀的基层共产党员和少数民族乡村干部的形象。此外，民族题材的大型舞台剧也受到了观众的喜爱，例如大型原创民族舞剧《唐卡》、土家南剧《初心》等。与此同时，将视觉资源作为少数民族文化打开方式的展览、展示也在2017年蓬勃发展，例如大理国际摄影展、西双版纳国际影像展等。

2017年，少数民族广播事业取得了优异成绩，尤其是新媒体的运用更大力推动了其快速发展。中央人民广播电台开设了包括蒙、藏、维、哈、朝5种少数民族语言四套广播节目、中国民族广播网5种少数民族语言网站，以及5种少数民族语言微信公众号、微博等新媒体平台、中国民族广播网汉语网站。② 为迎接"一带一路"国际合作高峰论坛，中央人民广播电台于2017年5月2日起推出十集大型系列报道《2017，解码"一带一路"》，在中国之声、经济之声、中华之声、华夏之声、中国乡村之声、中国交通广播等6套频率播出。③

总之，在一系列政策和实践活动的推动下，少数民族文化事业及文化产业

---

① 朱晶进. 民族志纪录片的社会责任与日常视角评斗拉加的《冬虫夏草》[EB/OL].[2017-11-26].http://www.mzb.com.cn/html/report/171125526-1.htm.
② 尹菊娥. 央广民族语言广播在"一带一路"公共外交中的优势[J]. 中国广播电视学刊，2017（6）：18.
③ 王艺. 时政报道的创新样态——央广《2017，解码"一带一路"》报道亮点[J]. 新闻与写作，2017（7）：60-63.

均呈现良好的发展态势。这些成就不仅为少数民族语言文字的发展提供了良好的条件，同时促进了少数民族各项事业的长远发展。

二、少数民族语言文字信息化建设

少数民族语言文字的规范化、标准化、信息化建设是民族语文的一项重要任务。

中国民族语文翻译局是推动少数民族文字信息化建设的重要机构，一直致力于民族语文软件的研发与推广应用工作。目前，翻译局已研发的应用型民族语文软件有：民汉智能双向翻译系统、民汉对话通、语音转写通、民族文语音输入法、民汉智能语音翻译软件、民族文网络在线校对软件、搜狗浏览器维汉互译软件、维文机器人、民族文电子词典、民族文校对软件、七个语种民汉智能双向翻译系统、维吾尔语智能翻译及交互式语音系统等。在2017年9月举办的"砥砺奋进的五年"大型成就展上，翻译局受邀展示了近年来研发的维汉语音智能翻译、维汉网页互译和藏汉网页互译3款少数民族语文翻译软件，得到了广大参观者的充分肯定。

少数民族古籍文献的收集整理是少数民族语言文字信息化建设的重点内容。例如，2017年6月16日，根据国家标准化管理委员会下达的标准研制计划任务，全国信息技术标准化技术委员会及内蒙古自治区内外高等院校、科研机构有关专家在内蒙古大学召开会议，审定通过国家标准《信息技术回鹘式蒙古文名义字符、变形显现字符及控制字符使用规则》。同年，《云南丽江纳西族一百五十卷东巴经手抄本》入藏中国国家博物馆，将使更多人认识到纳西族东巴文化的重要价值，并对纳西族东巴文化的保护、传承和弘扬起到积极作用。手抄本的内容囊括了滇川两省纳西族地区的所有代表性东巴经籍，是研究古代纳西族乃至古代西南民族不可或缺的珍贵资料。[①]

少数民族语言文字信息化建设离不开科研院所的支持。2017年8月21日，

[①] 施雨岑，张漫子. 纳西族东巴经手抄本入藏中国国家博物馆[EB/OL].http://www.mzb.com.cn/html/report/171222666-1.htm.

藏文文献资源数据中心在中国藏学研究中心正式成立。藏文文献资源数据中心对北京、西藏、青海、甘肃、四川等地的藏文古籍文献资料进行集中收集，目前已收集藏文古籍文献资料4万余函（部），为藏文文献资源数据中心的成立打下坚实基础。2017年11月10日，我国西部首家多语种信息技术研究中心落户新疆大学。该中心借助新疆大学在少数民族语言和信息化技术方面的雄厚研究基础，进一步推动多语种信息化水平，加速成果转化，提升服务技能，服务"一带一路"建设。新疆多语种信息技术研究中心主任、中国工程院院士吾守尔·斯拉木介绍，该中心由教育部语言文字信息管理司与新疆大学共同建设，双方将在人才引进、人才培养、科学研究、成果转化、社会服务等方面给予中心更多的政策倾斜和大力支持。中心将立足"一带一路"核心区，在信息技术与新疆及中西亚多语种的融合上具有特色和优势。其能够加强与国内外一流科研机构的合作和交流，在核心技术和关键资源上下功夫，加强语言资源与基本技术共享，提升中心国际影响力。据了解，中心以新疆大学多语种信息技术实验室为依托，多年来致力于多语种信息处理及自动化、自然语言理解及民族语言智能信息技术研究和多语种多媒体网络技术研究，并取得了多项突破。[①]

多元新媒体的发展推动了少数民族语言文字信息化建设工作。2017年3月17日，由新华网内蒙古分公司、新华网蒙古文网站举办的《桑斯尔》蒙古文客户端（APP）上线仪式在呼和浩特成功举行。《桑斯尔》蒙古文客户端是继新华网蒙古文网站（http://mongolian.news.cn/）开通以来，新华社内蒙古分社推进蒙古语新媒体建设的具体举措，也是内蒙古自治区蒙古语言文字信息化专项扶持项目成果。

在语言学家的共同努力下，少数民族语言文字规范化建设也在不断推进。例如，第一批壮文规范词语共1358个词条在2017年11月28日正式发布，并推行使用。这是《壮文方案》颁布60年来，我国首次发布的壮文规范词语。此次发布的壮文规范词语，内容涉及政治、经济、文化、教育、科技等各领域。

---

① 西部首家多语种信息技术研究中心落户新疆[N]. 光明日报，2017–11–11.

东北三省朝鲜语文协作领导小组办公室在吉林省长春市举办《朝鲜语规范集》（2016年修订本）发行仪式，并就宣传实施工作进行座谈。《朝鲜语规范集》首发于1985年，中间历经两次修订，最新修订版是根据当前朝鲜语言文字发展的实际需求，着重对朝鲜语标点法、隔写法、正音法和正字法等内容进行了修订、补充和完善，并收录了2007年以来规范的朝鲜语新词术语。《朝鲜语规范集》修订本的出版发行，对积极稳妥地开展朝鲜语言文字工作，提高民族语文管理能力和工作水平，推动朝鲜语言文字工作的法制化、规范化、科学化的进程具有重要的意义。

面对时代变革和国家发展创新的迫切需求，语言文字事业还存在一些薄弱环节和突出问题：农村和民族地区国家通用语言文字普及程度还不高；语言文字信息技术创新与社会应用能力还比较薄弱；国家语言能力和语言文字服务水平还不能完全适应经济、社会和文化发展的需求；语言文字规范应用面临网络时代的新挑战；管理体制机制和方式有待进一步改革创新。

第二节　少数民族语言政策

自中华人民共和国成立，党和政府就非常重视少数民族语言文字工作。经过60多年的努力，我国已经形成了比较完善的国家和民族地方少数民族语文工作、教学和科研的事业体系。随着中国现代化进程的不断加快，少数民族语言文字的使用和发展面临着一些新情况、新问题。针对当前我国民族语言工作出现的新情况、新问题，政府主管部门在2017年发布了一系列相关文件，对新时期全国民族语文工作提出了新的任务和部署。

一、《国家教育事业发展"十三五"规划》

2017年1月，国务院印发了《国家教育事业发展"十三五"规划》，规划明确表示，"十三五"期间要通过加快提高民族地区教育发展水平、科学稳妥推行双语教育。规划为"十三五"期间我国双语教育指明了方向，双语教育的合目的性、合规律性也进一步清晰。① 同月，国务院印发了《"十三五"促进民族地区和人口较少民族发展规划》，进一步提出继续加大国家通用语言文字在少数民族地区推广和普及；保障民族语言文字使用权利；在国家语言资源保护工程统筹下加大濒危民族语言保护，并构建语言资源服务系统。②

下面介绍2017年1月教育部国家语委印发的《〈国家语言文字事业"十三五"发展规划〉分工方案》中涉及少数民族语言的相关内容。

（一）加快民族地区国家通用语言文字普及

以提升教师、基层干部和青壮年农牧民语言文字应用能力为重点，加快提高民族地区国家通用语言文字普及率（国家语委牵头，教育部、国家民委、人力资源社会保障部、全国总工会、团中央、相关地方语委参与）。加强国家通用语言文字教育教学，确保少数民族学生基本掌握和使用国家通用语言文字（教育部牵头，国家民委、团中央、国家语委参与）。

（二）科学保护各民族语言文字

加快制定传统通用少数民族语言文字基础规范标准，推进术语规范化，做好少数民族语言文字规范化、标准化、信息化工作（国家语委牵头，工业和信息化部、国家民委、文化部、质检总局、社科院参与）。开展少数民族濒危语言抢救保护工作（国家语委牵头，国家民委、文化部、社科院参与）。

（三）国家通用语言文字普及攻坚工程

加大对少数民族学生学习国家通用语言文字的教学研究、课程开发、教材建设和出版支持力度。继续实施民族地区双语教师普通话提高培训计划（教育部牵头，国家民委、国家语委、地方语委参与）。实施边远、民族地区干部和青壮年农牧民国家通用语言文字培训计划（国家语委牵头，国家民委、人力资源社会保障部、全国总工会参与）。推动各对口支援省市将国家通用语言文字

---

① 马文华.少数民族双语教育的合目的性探究[J].新疆师范大学学报，2017（5）：147.
② 吴坤湖.少数民族语言规划工作的历史变迁与当代发展[J].贵州民族研究，2017（7）：226–227.

培训项目纳入民族地区对口支援范围（地方语委牵头实施）。

（四）中华优秀语言文化传承与保护工程

实施中国语言资源保护工程，收集整理汉语方言、少数民族语言和民间口头文化的实态语料和网络语料，建设大规模、可持续开发的多媒体语言资源库，开发语言展示系统，编制和完善中国语言地图集、语言志等基础性系列成果（国家语委牵头，国家民委、民政部、新闻出版广电总局参与）。

2017年1月，中共中央办公厅、国务院办公厅印发了《关于实施中华优秀传统文化传承发展工程的意见》。根据该意见的指导思想，我国将大力推广和规范使用国家通用语言文字。与此同时，对少数民族语言进行传承、保护、发展和利用。少数民族语言的发展需要有强大的政治和经济政策作为支持，不论是优秀的少数民族语言培训教师，还是少数民族语言的培训教材都需要有大量的经济投入作为支持，同时开发多功能、高质量的少数民族语言教学设备也需要有国家和地方的财政支持。①

（五）语言文字筑桥工程

协同我国及"一带一路"沿线国家语言学研究力量，开展多语种语言人才培养储备状况调查及语言国情调查，建设适应国家对外开放重大战略需要的语言服务国家资源库（教育部牵头，外交部、文化部、中科院、社科院、国家语委、相关地方语委参与）。实施国家对外语言服务人才培养计划（教育部牵头，外交部、侨办、国家汉办、国家语委参与）。

二、《国家通用语言文字普及攻坚工程实施方案》

为贯彻落实《国家语言文字事业"十三五"发展规划》，确保"到2020年，在全国范围内基本普及国家通用语言文字"目标的实现，推动"国家通用语言文字普及攻坚工程"的有效实施，2017年3月14日教育部国家语委制定了《国

---

① 周芬芬，张瑶娟．从微语言发展看少数民族语言的传承和开发——基于语言经济学视角[J]．贵州民族研究，2017（11）：228．

家通用语言文字普及攻坚工程实施方案》，其中"重点措施"部分建议增强农牧民普通话应用能力，具体内容如下：

以中西部农村尤其是西部民族农村地区为重点，创造学习条件，创新学习方式，结合当地旅游服务、产业发展等需求和农村职业技能培训，对不具备普通话沟通能力的青壮年农民、牧民进行专项培训，使其具有使用普通话进行基本沟通交流的能力，并进一步达到工作就业和职业发展所需要的水平，提高就业竞争力，拓展职业发展空间。

外来务工人口较多的城市，应将外来常住人员纳入本地语言文字工作范围，将普通话培训纳入职业技能培训的重要内容，增强外来人员适应和融入本地生活的能力以及参与城市建设工作的能力。

参与对口支援建设工作的省市，要将语言文字工作支援列入援助工作的重要内容，采取有力措施，切实帮助受援地青壮年农民、牧民提高普通话交流水平，提升其自主就业和创业的能力，提升当地经济发展"造血"能力。

三、《教育部语言文字信息管理司 2017 年工作要点》强调科学保护各民族语言文字

2017 年 2 月，教育部语言文字信息管理司印发《教育部语言文字信息管理司 2017 年工作要点》，强调传承弘扬中华优秀语言文化，科学保护各民族语言文字。

1. 以质量为核心推进"中国语言资源保护工程"

落实工程总体规划，严格监督执行各项规范，稳步推进保进度，强化内功重质量，努力打造精品工程；加强宣传和成果开发应用，继续完善工程采录与展示平台建设；开展《中国语言方言文化典藏》《中国濒危语言方言志》等成果编写，支持各地开展本地语言资源集编写和语言文化资源展示网等开发应用。

2. 拓展中华思想文化术语传播渠道

继续实施"中华思想文化术语传播工程",译写、出版中华思想文化术语,发布第三批术语译写成果;建设中华思想文化术语网,举办"中华思想文化术语的国际传播论坛"等活动,继续扩展版权输出,拓展中华思想文化术语推广传播渠道。

3. 开展甲骨文等古文字现代应用研究

建立甲骨文研究与应用多部委协同机制,启动实施《甲骨文研究与应用专项实施方案》,深入挖掘甲骨文的思想文化价值和应用价值;会同相关部门共同举办甲骨文研究国际论坛,推动甲骨文入选《世界记忆名录》;立项开展汉语汉字溯源及现代应用研究。

4. 推进少数民族语言文字工作

制定少数民族文字撰写标准等社会应用和信息化急需的基础规范标准,与国家民委联合发布少数民族语文水平等级标准。与国家民委、各地民语委等联合推动术语发布及数据库建设;组织召开少数民族语言文字规范化标准化信息化工作会议。

四、《国家民委关于印发"十三五"少数民族语言文字工作规划的通知》主要任务和重点项目

(一)大力推进少数民族语言文字工作法治化建设

加大宣传力度,进一步贯彻落实《中华人民共和国宪法》《中华人民共和国民族区域自治法》和《国家民委、中央组织部、中央统战部、教育部、人力资源社会保障部、国家公务员局关于推进民族地区干部双语学习工作的意见》《国家民委关于做好少数民族语言文字管理工作的意见》《国家民委关于进一步做好民族语文翻译工作的指导意见》等关于少数民族语言文字工作的法律法规和文件,营造各民族互相学习语言文字的良好氛围,促进各民族语言文字和

谐相处、健康发展。

加强少数民族语言文字执法工作，会同有关部门开展少数民族语言文字法律法规实施情况调研和监督检查，保障各民族使用和发展自己的语言文字的自由。及时跟踪、研究少数民族语言文字领域的新情况、新问题，根据实际需要，推动各有关地区加强少数民族语言文字工作法治化建设。

（二）加强少数民族语言文字基本情况调查与科研工作

加强少数民族语言文字调查研究，开展少数民族语言文字政策法规、少数民族语言文字应用、少数民族语言文字翻译理论、少数民族语言文字发展规律等研究。对民族地区行政机关、司法机关、新闻出版、广播影视、公共服务行业及其从业人员的语言使用情况进行调查，为制定相关行业语言文字政策和满足语言使用需求提供服务。积极开展少数民族语言文字科研工作，整合相关科研力量，建立和完善科研管理制度。

（三）大力加强双语人才队伍建设

抓好双语人才队伍建设相关政策法规和文件贯彻落实。依托民族语文翻译机构、民族院校、民族地区高校等单位，培训熟练掌握国家通用语言文字和少数民族语言文字的双语人才。推动建立双语学习激励机制，支持少数民族干部学习国家通用语言，鼓励汉族干部学习少数民族语言。依托有关单位，提高少数民族和民族地区专业技术人才双语水平。持续推进双语人才基地建设。进一步加大对艰苦边远的少数民族地区双语人才的培养扶持力度。健全民族语文水平等级测试标准和少数民族汉语水平等级测试标准。

参与做好双语教育工作。协同有关部门，科学稳妥推行双语教育。依据法律、遵循规律、结合实际，坚定不移推行国家通用语言文字教育，提升少数民族学生掌握和使用国家通用语言文字的能力和水平。尊重和保障少数民族使用本民族语言文字接受教育的权利，不断提高少数民族语言文字教学水平。

（四）配合推进少数民族语言文字规范化标准化信息化建设

配合加强少数民族语言文字规范化标准化工作。进一步完善少数民族语言文字规范标准体系，支持研究制定社会应用和信息化急需的少数民族语言文字基础规范标准。支持建立少数民族语言文字新词术语审定发布制度，定期发布少数民族语言文字新词术语审定公告。

配合推进少数民族语言文字标准化建设。支持加强少数民族语言文字标准的统筹管理，健全少数民族语言文字标准的层级和体系。配合教育部加快制定、完善少数民族语言文字基础标准，重点建设教育、信息处理、广播影视、新闻出版、辞书编纂和公共服务等领域的标准。配合工业和信息化部加快制定完善少数民族语言文字信息处理标准。及时开展标准的复审、修订等工作。

配合推进少数民族语言文字信息化建设。支持民族地区推进少数民族语言文字信息化基础研究和资源开发。支持教育部建设少数民族语言文化资源库和传统通用少数民族语言的大规模语料库。协同有关部门进行少数民族语言文字信息技术基础研究和软件研发，支持少数民族语言文字统一平台建设，提高软件研发的水平与效益，做好少数民族语言文字数字化产品的推广应用工作。

重视支持跨境少数民族语言文字信息化建设，服务国家周边外交，切实维护国家安全。加强双语网络信息化平台建设，掌握网络舆论主导权，确保网络信息安全。

（五）加强少数民族语言文字公共服务

开展双语和谐乡村建设工作，促进国家通用语言文字推广使用和少数民族语言文字传承保护。探索建设城镇双语和谐社区和建立志愿者队伍，为不通晓国家通用语言文字的公民提供翻译等方面的公共服务。加大力度支持在少数民族聚居区的医院、邮局、学校、政务服务大厅、机场、火（汽）车站等公共服务机构或场所提供双语服务。面向社会开展语言文字政策法规、规范标准、应用业务等的免费咨询服务。推动依法规范公共领域的文字使用，协调有关部门，依法用规范汉字和本民族文字印制少数民族公民的身份和资格证件。

（六）科学保护少数民族语言文字与传承弘扬中华优秀文化

支持教育部加强少数民族语言资源数字化建设，推动语言资源共享，充分挖掘、合理利用语言资源的文化价值和经济价值。支持建立和完善中国语言资源库、语言资源服务系统，抓紧做好濒危语言文字的数字化整理和记录保存工作，加大少数民族濒危语言文字保护力度。推动开展台湾少数民族语言文字研究。

充分发挥语言文字传承弘扬中华优秀文化的载体作用。积极开展双语学习等活动，加强中华优秀文化和革命传统教育，提升国民的文化素养和道德素养。

（七）加强少数民族语言文字翻译出版广播影视工作

重视少数民族语言文字翻译工作，加快国家级民族语文翻译基地建设。依托现有研究机构和高校等资源，设立一批少数民族语文翻译基地。做好民族语文翻译科研工作，定期组织开展民族语文翻译学术研讨交流，支持民族语文翻译学术期刊的编辑出版。支持开展民族语文翻译工作的对外交流与合作。会同有关部门加强对边境地区民族语文翻译出版物的监管。

完善民族语文翻译工作机制，组建民族语文翻译专家委员会，构建民族语文翻译学术评估机制。探索建立翻译作品和翻译理论研究著作、翻译工作者、翻译机构的评优奖励制度。

提高对党和国家重大会议、马列著作等党和国家重要文献文件、法律法规，以及公共文化事业、城市民族工作等领域的翻译水平。为社会提供少数民族语言文字翻译服务。

协调配合有关部门，切实做好少数民族语言文字新闻出版和广播影视工作，加强少数民族语言广播影视节目的制作、译制和播出能力；支持少数民族语言文字网站和新兴传播载体有序发展。

五、小结

根据上述政府主管部门 2017 年发布的关于我国使用发展少数民族语言文字的主要文件精神，我们可以将当前及今后中长期民族语言的政策调整和发展规划概括为：第一，民族地区国家通用语言文字的推广和普及；第二，科学稳妥推进双语教育，保护各民族语言文字；第三，少数民族语言文字的规范化、标准化和信息处理。《国家语言文字事业"十三五"发展规划》实施两年来，少数民族语言文字工作不断取得新突破。

根据教育部副部长、国家语言文字工作委员会主任杜占元的讲话，2018 年语言文字工作重点包括：一是全面实施"一个计划"，即推普脱贫攻坚行动计划；二是落实"两项验收"，即县域普及达标验收和学校语言文字规范化建设达标验收；三推进"三大工程"，即中华经典诵读工程、中国语言资源保护工程和社会语言服务工程；四是"四个抓手"，即推普脱贫、普及型和研究型基地建设、经典进校园、全面督导评估。

第三节　少数民族语言研究

一、少数民族语言保护

语言保护是指"通过各种有效的政策、措施、手段，保持语言、方言的活力，使其得以持续生存和发展，尤其是要避免弱势和濒危的语言、方言衰亡"[1]。中国是世界上语言多样性最丰富的国家之一。虽然我国的少数民族语言保护工作已取得不少成绩，但保持语言多样性形势依然严峻。因此，少数民族语言保护一直是我国民族工作的重要内容，也是学界关注的热点议题。

黄行在《中国语言资源多样性及其创新与保护规划》中介绍了我国在保护和保障少数民族使用和发展本民族语言权利方面的语言规划和保护工程。[1]创

---

[1] 黄行. 中国语言资源多样性及其创新与保护规划 [J]. 语言学研究，2017（1）：21.

新性语言规划：创制改革民族文字、确定标准语、传统文字拉丁转写、术语规范化、信息处理用民族语文规范标准建设。②保护性语言规划：语言资源有声数据库与中国语言资源保护工程和非物质文化遗产保护工程。虽然我国在少数民族语言保护方面做出了很多成绩，但是少数民族语言的使用活力总体上正在发生显著的下降甚至濒危。作者认为以下三个方面因素导致了少数民族语言使用活力的弱化：①国家通用语言的推广；②经济体制转轨（少数民族语言在市场效率方面的劣势）；③现代语言规范化资质（超方言的标准语；通用的文字和书面语系统；语音、语法、词汇等本体规范；共同的社会交际行为规范；共同的心理认同态度；适应电脑网络等新媒体的能力；成熟的母语教育体系；成熟的传统文化传承载体；纳入政府的语言地位规划）。①

吴坤湖在《少数民族语言规划工作的历史变迁与当代发展》一文中指出："从社会语言的载体功能角度而言，当前科学技术、教育、文学，以及社会文化等领域汉语占据主导地位，少数民族语言处于相对弱势地位。随着互联网、新媒体技术的发展，大众文化风起云涌，冲击了以经典化为表征的少数民族文化，汉族语言与民族语言之间的差距正在不断拉大，少数民族语言呈现出使用人群减少、功能衰弱的趋势，部分少数民族语言甚至面临生存危机。"② 因此，作者主张少数民族在掌握国家通用语言文字的同时，也应享有自由使用并发展自身语言文字的权利，对此需要国家层面制定倾斜性语言政策加以保障和维护。

杨解君、蒋都都从法学的角度讨论了少数民族语言保护问题，认为"对非通用语言文字进行立法，既是规范和保护、促进非通用语言文字发展的需要，也是'依宪治国'理念的要求。中国的语言文字法，应构建起以'通用语言文字法'和"非通用语言文字法"为双核的法律体系和制度"。③ 因此，作者强调从立法上确立和保护非通用语言文字权利，从而保障全体国民的语言文字权利并推动我国语言文字事业的健康发展。

---

① 黄行.中国语言资源多样性及其创新与保护规划 [J].语言学研究，2017（1）：17–24.
② 吴坤湖.少数民族语言规划工作的历史变迁与当代发展 [J].贵州民族研究，2017（7）226–227.
③ 杨解君，蒋都都.我国非通用语言文字立法的宪治考量 [J].中国地质大学学报，2017（4）139–147.

周芬芬、张瑶娟在《从微语言发展看少数民族语言的传承和开发——基于语言经济学视角》一文中呼吁各级政府发展少数民族语言产业。作者认为，"由于少数民族地区经济欠发达、语言教育较落后等原因，许多少数民族语言资源还没有被开发利用，其产业的发展更是困难重重，各级政府要加大对濒危语言文字保护和传承的经济投入，不仅要通过田野调查、实地收集等方式整理濒危的少数民族语言文字，更要采取现代化和信息化手段来加以抢救和保护，同时要根据时代的要求，依靠科技的支持，编制数据库，并不断更新，以满足语言市场的发展需求"。①

此外，还有学者从城市化的角度考量少数民族语言保护问题。姜莉在《城市化背景下少数民族语言使用功能的变化》一文中指出，"随着城市化的快速发展，少数民族语言使用功能也发生了显著改变。目前，少数民族基本上都使用具有广泛群众基础的共同语，无论是在语言的选择还是运用上都是对共同语的一种认可（汉语）；少数民族母语开始呈现出显著的代际性差别；就城市而言，少数民族母语使用功能不断被弱化。导致此问题产生的根本原因在于分布不集中、使用者观念发生变化等"②。黄靖莉则从人口迁移的角度讨论了城市化对少数民族语言带来的影响。她认为，"城镇化带来少数民族人口的变动和迁移，一方面为了适应城市社会，他们需要学习普通话和当地语言，另一方面人口迁移带来了语言使用人群结构变化和语言代际断层现象，这都对我国少数民族语言生态平衡产生了一定的冲击。维护少数民族语言生态平衡，不仅要加强普通话的推广，保证不同民族之间实现有效沟通和交流，消除城镇化建设中劳动力转移的现实阻力。也要采取有效措施保护多样性的少数民族语言及地方方言，注重动态使用过程中的传承和保护"③。

综上所述，少数民族语言保护仍然是2017年度学界的研究焦点，尤其是语言保护政策。正如周晓梅指出的，"国家积极有效的语言政策要依赖于教育、

---

① 周芬芬，张瑶娟.从微语言发展看少数民族语言的传承和开发——基于语言经济学视角[J].贵州民族研究，2017（11）：228.
② 姜莉.城市化背景下少数民族语言使用功能的变化[J].贵州民族研究，2017（7）：234.
③ 黄靖莉.城镇化进程中促进民族语言生态平衡对策探究[J].贵州民族研究，2017（3）：68.

社会、经济、政治、人们的意识、少数民族话语者的意愿等各种综合因素的协调，才能最终达到保护少数民族濒危语言和实现语言多样化的目的"[1]。因此，少数民族语言保护工作任重而道远。

二、双语教育

1949年以来，我国就开始探索在少数民族地区开展双语教育的政策措施，积极推动民汉双语教育。经过60多年的探索，我国已经建立了一整套适应本民族、本地区使用的各种模式的语文教育体制。尤其是近年来，我国的少数民族双语教育已经进入了一个蓬勃发展的新阶段。新形势下，学界对双语教育的关注日益增加。

王远新采用问卷、访谈、观察法，调查云南省瑞丽市云井村村民的语言使用和语言态度，考察边境村落的语言文化生活。他发现，由于傣族小学的傣语文课停开、傣语文传媒缺少、傣族青年学习傣语态度消极等因素，傣文传承面临危机。他建议，"当地政府在傣族聚居的村小开设傣语文课程；进一步提高傣语电视、广播节目的制作和播出效果，提高收视率和收听率，制作更多体现少数民族文化特色的"三贴近"（贴近实际、贴近生活、贴近群众）节目；政府网站和各类官网应增加傣语文网页"[2]。他认为这些措施可以满足少数民族发展本族语文、继承本族文化的需求，进而提高青少年本族语言文化的认同度，并有效抵御境外语言文化的影响及宗教的渗透。顾聪在《少数民族教育的现代性与民族性思辨》一文中也强调引进民族语言到教育中的重要性。他认为，在学校教育中使用民族语言既能弘扬民族传统文化，也能传授现代知识内容。[3]除了母语，傣族儿童在学习汉语过程中也存在语言障碍。陶云、马谐等人建议，"少数民族儿童汉语教学应重视母语即本民族语言的教育，积极倡导双语双文型和双语单文型的双语教学模式；针对不同年级学生开展汉语教育应各有侧重，

---

[1] 周晓梅.语言政策与少数民族语言濒危及语言多样性研究[J].贵州民族研究，2017（6）：217.
[2] 王远新."一寨两国"的语言生活——云南省瑞丽市云井村村民语言使用和语言态度调查[J].陕西师范大学学报，2017（4）：160.
[3] 顾聪.少数民族教育的现代性与民族性思辨[J].贵州民族研究，2017（5）：227.

顺应学生语言能力发展特点，选择相应的教学方式，重点突破；重视双语教学的师资培训，提高双语教师的综合素质，保证双语教学质量"①。

彭婧、范俊军在《贵州少数民族州县双语教学历程、问题与对策》一文中对贵州省民族州县的双语教学问题进行初步梳理和讨论。他们指出，目前贵州省民族地区的小学双语教学存在如下几个问题：双语教学观念和认识模糊；双语教学课程体系缺失；双语教学师资人才匮乏；双语教学经费捉襟见肘；双语教学教材短缺。针对这些问题，作者提出以下建议：正确认识双语教学的重要意义；加强双语教学的课程体系建设；建立健全师资培养机制；扩宽渠道，增加教育经费投入；编写具有民族特色的双语教材及辅助读物。②

吴瑞林等人对新疆少数民族幼儿汉语听说能力进行了测评，发现新疆少数民族幼儿的汉语听说能力整体偏弱。双语师资力量不足、现有教师汉语水平低、汉语教学能力低是造成新疆少数民族幼儿汉语能力弱的主要原因。③蔡文伯、王雨疏在《惯习与断裂：少数民族语境下的双语教育优化策略》一文中以一堂哈萨克语语境下的双语数学课为例，就如何推进新疆地区双语教育提出了几点建议：汉语教学与少数民族语言教学相结合；建构相互衔接的双语教育；强化双语教育的文化功能。除了提高少数民族教师的汉语能力，作者还认为"双语教师培训不单指对少数民族教师进行汉语言培训，也应该对汉族教师进行少数民族语言培训，从口语入手，使得汉族双语教师能与少数民族学生进行沟通和理论上的解释"④。贺燕在《移动学习——新疆少数民族汉语自主学习的新途径》一文中指出新疆少数民族目前的整体汉语使用能力还不理想，这主要是由于新疆少数民族聚居区的汉语交际环境缺失、汉语师资严重不足和汉语学习资

---

① 陶云，马谐，等.不同教学模式对少数民族儿童汉语学习的影响——以云南德宏州傣族儿童为例[J].云南师范大学学报，2017（3）：95-96.
② 彭婧，范俊军.贵州少数民族州县双语教学历程、问题与对策[J].民族教育研究，2017（2）：73-76.
③ 吴瑞林，等.大规模幼儿语言能力测评的设计与实践——基于表现性评价理念与平板电脑技术[J].学前教育研究，2017（9）：34-43.
④ 蔡文伯，王雨疏.惯习与断裂：少数民族语境下的双语教育优化策略[J].当代教育与文化，2017（1）：53.

源相对匮乏等原因造成的。作者建议少数民族运用新型数字技术实现教学模式和学习方式的创新，包括高等现代远程教育、多媒体教学和移动学习（例如智能手机上网学习文本类、图片类、音频类、视频类等学习资源）。① 古力加娜提·艾乃吐拉、胡潇元也强调了信息技术在双语教育中的运用。教师通过计算机、网络、制作课件等信息技术，向学生展示各种现象、较复杂的逻辑关系、抽象的概念等，实现高质量的教学效果。②

刁小卫在《少数民族中小学双语教学的教材使用问题分析——以新疆伊犁州直为例》一文中讨论了伊犁州少数民族中小学双语教学教材使用存在的问题，包括：教材的选用还存有"一刀切"的现象；教师的课程意识比较淡薄，教材观念比较滞后；教师对教材的驾驭能力不高；教师的教材研究能力有待提高；教师教材教法培训的力度有待加强。③ 张莉萍在《嬗越与创新：少数民族教育的文化传统及现代发展》一文也强调了发展本土特色教材的重要性。与此同时，作者建议增加教育补贴力度，指出民族教育双语教育模式的开展"需要更多地了解民族文化又具备较强汉语能力的教育工作者参与到其中，而从现实来看，由于民族地区相对艰苦的生活环境及教师待遇福利较低，使得民族教育难以吸纳优秀的教育人才进来，而进来的人才又很难留下来，要使民族教育的师资力量得到加强，就必须从提高待遇、加强培养等方面来着手，而相关举措的采取都需要相应的财力支持"。④

吴艳梅、仲丹丹在《蒙古族中小学汉语教科书60年变迁及启示》一文中围绕蒙古族中小学汉语教科书60年的发展历程，归纳了我国民族中小学汉语课程与教学理念的两大变革：第一，对民族中小学汉语课程性质的定位从第一语言课程转向第二语言课程；第二，对少数民族学生的教学重点从教授少数民族学生汉语文知识转向提高少数民族学生的汉语素养。在第二点中，作者强调

---

① 贺燕. 移动学习——新疆少数民族汉语自主学习的新途径 [J]. 语言与翻译，2017（2）：78-79.
② 古力加娜提·艾乃吐拉，胡潇元. 信息技术对提高新疆少数民族双语教育质量的应用价值 [J]. 民族教育研究，2017（3）：79-85.
③ 刁小卫. 少数民族中小学双语教学的教材使用问题分析——以新疆伊犁州直为例 [J]. 语言与翻译，2017（3）：94-96.
④ 张莉萍. 嬗越与创新：少数民族教育的文化传统及现代发展 [J]. 贵州民族研究，2017（2）：196.

"'汉语素养'包括热爱国家通用语言文字的思想感情、正确学习和掌握汉语文的方法,以及相应的汉语文知识、能力"。此外,作者认为少数民族学生的"汉语素养"应当突出汉语的交际和应用能力,而不限于注重汉语文知识点的识记。①

除了双语教育,学者们也关注少数民族地区的多语教育问题。李秀芝在《少数民族多语习得生境问题与出路——以丽江金山白族为例》一文中以丽江金山白族社区的多语习得为例,指出应当通过语言耗损之中的语言优势开发、语言传承习惯培养下的语言保护、语言文化开发基础上的民族认同培养等路径,让白族语言在文化母本的前提下,与其所嫁接的他族语言形成一个共同体是多语习得的理想目标。作者认为集体耕作、马帮出行、互助活动、学习白族大本曲、祭祀词等一系列活动是学习白族语言的有效途径。此外,多语环境下金山白族语言开发除传统意义上的白族语言形式之外,还有各种蕴含白族语言发展变化或存在状态的音乐、绘画、建筑、雕塑、民间工艺等文化形式,通过金山白族的文化遗产来激发居民的民族认同和民族自豪感,将语言的保护与传承变为一个自发过程。②

陶贞安在《中国少数民族语言教育的多元化发展路径》一文中指出,随着当今世界一些主流国家的语言政策向国际多元化方向的不断演进,我国少数民族语言教育可以从以下三个路径出发:构建多元化的汉语教学模式,培养多元化的少数民族外语人才,建立多元化的多语应用渠道。③张彪在《"一带一路"背景下面向东南亚的微观外语教育规划研究》一文中建议云南应适应中国—东南亚区域社会经济发展的需要进行战略规划,制定多语教育规划。他认为,"云南省的外语教育战略规划应该以英语语种教育为主,重点加强东南亚语种教育和人才培养,二者相互融合,和谐发展,培养掌握多元外语能力的语言复合型

---

① 吴艳梅,仲丹丹.蒙古族中小学汉语教科书60年变迁及启示[J].民族教育研究,2017(3):54-55.
② 李秀芝.少数民族多语习得生境问题与出路——以丽江金山白族为例[J].贵州民族研究,2017(11):233.
③ 陶贞安.中国少数民族语言教育的多元化发展路径[J].宁夏社会科学,2017(4):148-150.

区域人才和既有扎实语言技能，又懂得地域文化知识的复合型外语人才"。①

申霄在《论语言服务的时代内涵与丝路核心区的语言服务》一文中以区域语言服务为研究视角，解析并拓展了语言服务的时代内涵；分析了丝路经济带核心区语言服务的特点；阐明了新时期新疆少数民族地区语言服务的紧迫性、重要性；指出存在的问题，并提出若干建议，探讨了该地区实施语言服务的方法和路径。作者强调"新时期丝路核心区的语言服务"泛指一切为新疆丝绸之路经济带建设需要所提供的语言支持，既包括国家层面的宏观语言服务，如制定少数民族地区的语言政策及语言规划、双语教学研究等；也包括社会、企事业单位或个人所提供的具体微观语言服务，如语言翻译、语言培训、语言产品开发等，即凡是运用语言（或文字）手段，满足丝绸之路经济带核心区的语言文字需求，提高区域语言文字能力的行为，都可以归入该地区语言服务的范畴。②

黄丙刚等人结合文献材料分析了延边朝鲜族自治州朝鲜族三语教育现状，提出自中华人民共和国成立以来，"在国家民族政策、少数民族语言及教育政策的支持下，朝鲜族的三语教育，特别是在延边朝鲜族自治州，已取得了令人瞩目的成就。如今，延边已经建立了包括完整学校教育体系在内的标准三语教育模式，三语教育在延边已得到迅速发展。对三门语言不断增长的需求将顺势加深三语教育的发展，并为三语人才提供大量机遇使其能转化为资本。然而，对于少数民族教育及其他利益相关者来说，构建更为有效的三语教育模式将是一项长期目标"③。

除了学龄前儿童和中小学生，少数民族大中专学生的双语教育问题也是学界关注的焦点。范晓玲、苏晶对新疆南疆地区中职院校的调研发现，汉语课程

---

① 张彪."一带一路"背景下面向东南亚的微观外语教育规划研究[J].民族教育研究，2017（4）：68.
② 申霄.论语言服务的时代内涵与丝路核心区的语言服务[J].西北民族大学学报（哲学社会科学版），2017（6）：124-130.
③ 黄丙刚，杨勇，何高大.中国东北地区朝鲜族三语教育研究概略[J].黑龙江民族丛刊，2017（4）：172.

目标模糊不清，课型特点不突出，无法实现汉语知识及汉语技能培养的目标；民汉教师双语教学能力欠缺，不能因人施教、因材施教，难以圆满完成教学任务；目前使用的汉语教材版本较多，且选用混乱随意；教材内容缺乏针对性，难度没有层级，普遍偏难；教材编写体例不够科学，字词句篇学习目标不明确，话题内容设计较为随意，练习设计没有体现职教学生语言培养的特点和需求；缺乏适用教材配套的现代教育资源（光盘、多媒体辅助教学资源等）；部分学生对学习汉语知识、掌握汉语交际技能在就业发展中的重要作用意识比较淡漠，缺乏汉语学习的主动性及汉语自主学习能力。作者针对调研中发现的问题，提出提高南疆职业院校汉语教学质量及少数民族学生汉语交际能力的相关建议，即加强南疆中职院校双语师资队伍建设，加强南疆中职院校双语教材编写及研究工作，加强南疆中职院校双语课程建设，加强南疆中职院校少数民族学生汉语水平及就业汉语技能的培养。[1]

于丽、连吉娥在《基于语料库的少数民族预科生汉语口语自我更改现象对比研究》一文中，基于新疆少数民族预科生汉语口语中介语语料库，采用定性与定量相结合的方法，对初、中、高三个汉语水平等级的少数民族预科生在汉语成段表达中的自我更改现象进行了分类描写与对比分析。研究发现，预科生汉语口语的自我更改很频繁，具有较强的监控意识，但是受到汉语水平的限制，监控能力不足，达不到完全正确与恰当；在各类自我更改中，重复信息更改占大多数，汉语水平越高，重复越少，表达越流利；高水平学生倾向于内容和语用的更改，而水平相对较低的学生则将更多注意力用于语言形式的更改。[2]

除了期刊文章，成世勋的专著《新疆少数民族牧区双语教育发展研究》分析了新疆少数民族牧区双语教育发展与国家文化安全的动态逻辑关系，在此基础上构建了以国家文化安全为目标的新疆少数民族牧区双语教育研究的理论框架，指出了新疆少数民族牧区双语教育中存在的问题及其应对策略，具有较高

---

[1] 范晓玲，苏晶. 新疆南疆中职院校汉语教学现状调查分析与对策研究 [J]. 民族教育研究，2017（2）：90–92.

[2] 于丽，连吉娥. 基于语料库的少数民族预科生汉语口语自我更改现象对比研究 [J]. 语言与翻译，2017（2）：86–92.

的理论创新性和较强的实践参考价值。① 此外，王兆璟在其专著《民族双语教育的理论与实践研究》中讨论了民族教育的相关理论和研究。②

总而言之，我国目前处理双语问题的指导思想是既要保护少数民族的母语使用和发展，又要帮助少数民族更好地学习、使用汉语。因此，建议从当前国家政治、经济、文化、军事、外交等国际和国内需求出发，构建多元化的汉语教学模式、培养多元化的少数民族外语人才、建立多元化的多语应用渠道，为少数民族学习和应用本土语言、汉语以及外语提供多元化的交流窗口与平台。

三、民族语文标准化与信息化建设

少数民族语言文字的规范化、标准化、信息化建设始于20世纪80年代，而发展建设则是在20世纪90年代初，以1991年国务院下发的《国务院批转国家民委关于进一步做好少数民族语言文字工作报告的通知》为标志。该通知明确将搞好民族语文的规范化、标准化和信息处理作为民族语文的一项重要任务。经过30多年的探索和实践，我国先后研发了200多项国家通用语言文字和少数民族语言文字规范标准，建设了一批语言文字语料库、知识库和信息库。下面笔者将归纳整理2017年度少数民族语言文字的规范化、标准化、信息化工作的相关研究。

吴坤湖在《少数民族语言规划工作的历史变迁与当代发展》一文中指出随着网络及网络技术的发展，民族语言文字的信息化、标准化建设也必须提到议事日程上来。作者认为，除了规范民族语文标准建设外，还包括民族语文数据的安全性建设，诸如信息安全、传输安全、共享安全；民族语文软件、语文平台的开发及民族语文资源数据库建设也需要同步推进；做好民族语文标准体系的国际衔接工作刻不容缓。③

周芬芬、张瑶娟建议发展少数民族语言产品开发技术。作者认为少数民族

---

① 成世勋. 新疆少数民族牧区双语教育发展研究 [M]. 北京：知识产权出版社，2017.
② 王兆璟. 民族双语教育的理论与实践研究 [M]. 北京：民族出版社，2017.
③ 吴坤湖. 少数民族语言规划工作的历史变迁与当代发展 [J]. 贵州民族研究，2017（7）：228–229.

语言产品开发技术落后的原因是"虽然国家语言与文字推广办公室非常重视少数民族语言的推广，但是多功能、高质量的少数民族语言学习系统的开发比较滞后，与国内同类产品存在差距，特别是相关企业由于技术力量薄弱，在产品开发方面停留在仿制和改进的阶段，缺乏自己的特色产品，因此，产品缺乏市场竞争力，开发速度慢，经济效益不佳。另外，虽然有些少数民族语言建设了数据库，但有些数字资源只是简单地罗列或加工转换，对知识内容挖掘程度不深，或因数据库软件产品发展滞后，不注意市场，收益甚微，由此造成使用数据库的人数逐渐减少，甚至最终被人所遗忘"①。

于清等人在《汉维医疗平行语料库构建及特征分析》一文中分析了汉族维吾尔族医疗平行语料库构建的重要性。面对稀缺、专业性强的汉维双语医疗平行语料库建设，该文章探索了数据采集、标准化、去噪、自动录入方法，进行了语料库特征分析，并根据语料数据特性，设计语料库网页检索系统。作者指出，目前已建成110多万字、2.6万句汉语医疗语料和3000句汉维双语对齐语料，不仅对构建中小型语料库有参考价值，而且奠定了医疗自然语言处理研究基础。尤其是汉维双语对齐语料，将促进机器翻译技术在医疗领域的突破，对新疆边远地区无汉语表达能力的少数民族群众获得医疗救助搭建桥梁。② 王晓丹等人在《基于句子级的朝鲜语口语语音库的研究与建立》中讨论了延边地区朝鲜语口语的语音库建设问题。作者指出，各个少数民族语言语音库的建立，为语言研究奠定了坚实的基础。但延边地区朝鲜语口语的语音库建设目前还处于空白状态，建议建立基于句子级的延边地区口语常见句的语音库。③

宋姗姗、柳建文在《"大数据"与少数民族传统文艺保护传承的新模式》一文中指出，民族地区财政能力有限，信息化建设投入不足，数字化人才匮乏，

---

① 周芬芬，张瑶娟.从微语言发展看少数民族语言的传承和开发——基于语言经济学视角[J].贵州民族研究，2017（11）：228.
② 于清，孙浩男，陈永杰.汉维医疗平行语料库构建及特征分析[J].新疆大学学报，2017（2）：195-217.
③ 王晓丹，金小峰，胡玉龙.基于句子级的朝鲜语口语语音库的研究与建立[J].科技通报，2017（4）：191-194.

导致少数民族传统文艺资源数字化水平偏低。为此，需要加快少数民族语言文字的信息化，以大数据应用为导向培养少数民族技术人才，积极吸纳社会资源，推进少数民族传统文艺资源的数字化和大数据应用平台建设，同时加强大数据的社会载体建设。作者建议建立大数据导向的少数民族传统文艺保护新模式：注重民族传统文艺资源的数字化和数据库建构；整合资源构建"少数民族传统文艺"大数据应用平台；加快少数民族语言文字的信息化；以大数据应用为导向培养少数民族技术人才；汲取社会资源拓宽资金投入渠道；加强大数据的社会载体建设。[①]

总而言之，我国的民族语文信息化工作仍然在推进中，取得的成果包括：各民族传统通用语言被列入民族语文信息化工作中；各民族文字的字型、字符编码集及国内外键盘标准得到初步规范；研发了多种民族文学处理软件、系统软件及自动化办公系统、民族语言网站；民族文字语音识别、编辑、翻译等工作也取得了相应的成果；各民族语言的语料库、知识库建设进展步伐加快。然而，由于少数民族地区社会经济发展相对落后，民族语文信息化工作还有很多问题亟须解决。针对目前存在的问题，我们应该结合《国家语言文字事业"十三五"发展规划》的精神，加快制定传统通用少数民族语言文字基础规范标准，推进术语规范化，做好少数民族语言文字规范化、标准化、信息化工作。

结语

中国是由汉族和55个少数民族组成的多民族大家庭。党和政府在推广国家通用语汉语的同时，一向重视对少数民族语言的保护和尊重。虽然少数民族语言文字有着广泛的群众基础、使用空间和重要的使用价值，但是少数民族语言的使用活力总体上正在发生显著的下降。[②]

通过梳理少数民族语言文字研究文献，本章对2017年我国少数民族语言

---

① 宋姗姗，柳建文． "大数据"与少数民族传统文艺保护传承的新模式[J]．云南社会科学，2017（4）：76–83．
② 黄行．中国语言资源多样性及其创新与保护规划[J]．语言学研究，2017（1）：17．

文字工作进行了简要的介绍和讨论。总的来说，2017年有关少数民族语言文字工作的研究主要聚焦于新疆、贵州、云南、广西、内蒙古、西藏等地区，所关注的民族主要为维吾尔族、蒙古族、藏族、彝族、哈萨克族、朝鲜族等。学者们使用民族教育学、语言学、人类学、民族学、法学、传播学等学科的理论和研究方法，探讨了少数民族语言生活中的双语教育、语言传承及语言保持等问题。此外，为了收集少数民族语言文字发展的实时材料，本章的部分内容还参考了国家相关部门的官网信息。

根据《国家语言文字事业"十三五"发展规划》，我国语言文字事业还存在一些薄弱环节和突出问题，"农村和民族地区国家通用语言文字普及程度还不高；语言文字信息技术创新与社会应用能力还比较薄弱；国家语言能力和语言文字服务水平还不能完全适应经济、社会和文化发展的需求；语言文字规范应用面临网络时代新挑战；管理体制机制和方式有待进一步改革创新"。只有突破这些薄弱环节、解决突出问题，才能实现"到2020年，在全国范围内基本普及国家通用语言文字，全面提升语言文字信息化水平，全面提升语言文字事业服务国家需求的能力，实现国家语言能力与综合国力相适应"的发展目标。

参考文献

[1] 成世勋. 新疆少数民族牧区双语教育发展研究 [M]. 北京：知识产权出版社，2017.

[2] 戴庆厦. 试论新时期的民族语文工作 [J]. 民族教育研究，2014（4）.

[3] 黄行. 中国语言资源多样性及其创新与保护规划 [J]. 语言学研究，2017（1）.

[4] 教育部国家语言文字工作委员会. 国家语言文字事业"十三五"发展规划 [EB/OL].（2016-08-26）[2017-12-26].http：//www.china-language.gov.cn.

[5] 姜昕玫，王远新. 新疆基础教育阶段蒙古语文教学现状、问题及对策 [J]. 民族教育研究，2017（1）.

[6] 李秀芝. 少数民族多语习得生境问题与出路——以丽江金山白族为例 [J]. 贵州民族研究，2017（11）.

[7] 孟红莉. 新疆乌鲁木齐市维吾尔族、汉族城市居民的语言使用与族际交往 [J]. 青海民族研

究，2016（1）.

[8] 王娟. 新疆维吾尔族大学生语言生活现状调查 [J]. 新疆师范大学学报，2017（1）.

[9] 王远新. "一寨两国"的语言生活——云南省瑞丽市云井村村民语言使用和语言态度调查 [J]. 陕西师范大学学报，2017（4）.

[10] 王兆璟. 民族双语教育的理论与实践研究 [M]. 北京：民族出版社，2017.

[11] 谢倩. 中亚五国语言变革对我国新丝绸之路民族语言政策规划的影响 [J]. 宁夏社会科学，2017（4）.

[12] 周晓梅. 语言政策与少数民族语言濒危及语言多样性研究 [J]. 贵州民族研究，2017（6）.

第五章 社会与文化

夏晓莉[*]

第一节 2016—2017年少数民族文化事业新发展

中华文明在结构上不仅包括作为其主脉的中原华夏文明，也包括中国境内的蒙古、藏、维吾尔、满、苗、瑶、彝等少数族群的文化，她们在几千年混杂共存和交往、交流、交融进程中最终形成了一个"多元一体"的中华文化。[①]党的十九大报告指出，文化是一个国家、一个民族的灵魂。文化兴，国运兴，文化强，民族强。没有高度的文化自信，没有文化的繁荣兴盛，就没有中华民族伟大复兴。要坚持中国特色社会主义文化发展道路，激发全民族文化创新创造活力，建设社会主义文化强国。[②] 中华文化是各民族文化的集大成，文化认同是"五个认同"的重要内容，是实现"五个认同"的根本保证，必须坚持马克思主义指导地位，传承中华优秀传统文化，实现各民族优秀传统文化相融相通、共同繁荣，形成培养中华民族共同体意识、建设各民族共有精神家园的重要支撑。

---

[*] 夏晓莉，中央民族大学民族学与社会学学院博士研究生。
[①] 马戎.中华文明的基本特质[J].学术月刊，2018（1）.
[②] 闵轩.推动各民族优秀文化繁荣发展，着力培养中华民族共同体意识[N].中国民族报，2017-08-04.

一、进一步推进少数民族文化事业繁荣发展的举措

（一）政策支持

1. 2016—2017 年支持少数民族事业发展的相关政策保障

长期以来，党和国家采取一系列政策措施，大力发展少数民族文化事业，取得了很大的成效，有效保障了各族群众的基本文化权益。随着文化强国战略的逐步形成，党和国家对少数民族文化给予了前所未有的高度重视。李克强总理在内蒙古考察时说："文化承载着经济社会发展的道德力量，文明社会须有文化作为基石。我国文化是多民族共同交融创造的结果，要让传统的优秀文化成为经济社会健康发展的重要支撑。"

国务院办公厅印发《兴边富民行动"十三五"规划》，国务院印发《"十三五"促进民族地区和人口较少民族发展规划》和《"十三五"时期文化扶贫工作实施方案》，文化部印发《文化部"一带一路"文化发展行动计划（2016—2020年）》，教育部办公厅印发《全国民族教育科研规划（2014—2020年）》，对加强少数民族和民族地区文化发展给予了高度重视，并提出了具体措施，大力推进了少数民族文化事业的发展。

我国于2017年3月1日正式实施的《中华人民共和国公共文化服务保障法》第四十条明确指出，国家加强民族语言文字文化产品的供给，加强优秀公共文化产品的民族语言文字译制和在民族地区的传播，鼓励和扶助民族文化产品的创作生产，支持开展具有民族特色的群众性文化体育活动。可见，党中央对少数民族地区的公共文化服务建设高度重视。这不仅体现了国家繁荣发展少数民族文化的坚强决心，也体现了少数民族文化对于推动社会主义文化大发展大繁荣具有特殊重要意义。

中共中央、国务院印发的《中长期青年发展规划（2016—2025年）》提出了青年民族团结进步促进工程，包括实施青年民族团结交流万人计划，每年组织边疆民族地区青年与内地各族青年开展互访、联谊活动，鼓励不同民族青

年之间结对子、互帮互助。在广大青年中开展民族常识和民族法律法规政策知识大赛。在少数民族流动人口较多的沿海地区和大中城市开展"中华一家亲,可爱城市共同建"活动,为外来少数民族青年融入城市提供帮助。

文化部发布的《"十三五"时期文化产业发展规划》提出将加大对中西部地区、少数民族地区、贫困地区、革命老区特色文化产业发展的支持力度,发挥文化产业在脱贫攻坚战略中的积极作用;将依托各地民族特色文化、红色文化、乡土文化和非物质文化遗产,大力发展由贫困人口参与并受益的民族手工艺品、民间演出、乡村文化旅游等,并推动具有竞争潜力的少数民族文化产品进入国内国际市场。

2. 我国多部门共同推动民族地区发展的举措

国家发改委表示,将继续指导和支持民族地区培育、发展战略性新兴产业和特色优势产业,指导贵州省六盘水市产业转型升级,支持云南、新疆、内蒙古等沿边省区更好参与国内国际区域合作。教育部在2017年着力加大教师队伍建设,支持民族地区招聘特岗教师2.4万名,培训民族地区教师50万人次,民族地区338个县基本实现集中连片特困地区乡村教师生活补助全覆盖,惠及37.1万名乡村教师。下一步,将继续提高教师国家通用语言文字水平和教学能力,加强对少数民族文字教材编译、审定和出版的管理与指导。

财政部以增进和改善各族群众民生为福祉,完善差别化支持政策,增强民族地区自我发展能力。2017年共安排民族八省区财政专项扶贫资金367.3亿元,占全国总量的43%。中央财政专项扶贫资金中安排"少数民族发展"支出方向55.5亿元,同比增长21%。人力资源和社会保障部介绍,按照兜底线、织密网、建机制的要求,截至2017年9月底,5个自治区城乡居民养老保险参保扩面较上年底增加16万人。

目前,内蒙古、西藏、宁夏、新疆4个自治区基础养老金高于全国平均水平。农村危房改造、城镇保障性安居工程等在支持民族地区改善民生方面作用突出。住房和城乡建设部相关负责人说,为解决民族地区贫困户住房安全问题,住建部门加大资金倾斜,2017年安排125.2亿元资金,支持民族八省区82.84万户贫困户改造危房,分别占同期全国补助资金和任务总量的47%和43%。同时配合国家发改委、财政部安排民族八省区城镇保障性安居工程中央补助资金599亿元,支持实施城镇棚户区改造136万套,改造政策范围扩大到全国重点镇。文化部提出,已经并将继续在促进民族地区公共文化服务体系建设、规范民族地区文化市场经营秩序、加快推进民族地区文化产业发展、推动民族地区传统工艺振兴等方面开展工作。国家旅游局通过促进民族地区旅游经济,积极推动兴边富民行动。2017年安排民族地区旅游发展基金约4亿元,重点支持民族地区旅游业转型升级项目和"厕所革命"建设。同时,发挥丝绸之路、万里茶道、大香格里拉等地方旅游推广联盟优势,整合民族地区旅游资源,形成推广合力。

（二）财政保障

加快少数民族文化事业发展,既是弘扬少数民族优秀文化、推动社会主义文化繁荣兴盛的必然要求,也是增强中华民族文化认同,维护国家文化安全,促进民族团结和社会稳定的重要举措。

2017年,中央财政下达民族地区转移支付704亿元,比2000年增加678.47亿元,年均增幅达21.5%。以增进和改善各族群众民生为福祉,完善差别化支持政策,增强民族地区自我发展能力。全年共安排民族八省区财政专项扶贫资金367.3亿元,占全国总量的43%。中央财政专项扶贫资金中安排"少数民族发展"支出方向55.5亿元,同比增长21%。[①] 转移支付范围逐步扩大,将内蒙古、广西、西藏、宁夏、新疆5个民族自治区和青海、云南、贵州3个财政体制上视同少数民族地区对待的省份,以及民族自治州、民族自治县纳入了民族地区转移支付范围。2017年引入了民族人口占比、世居少数民族个数、人口较少民族种类等体现民族特征的因素,加大了对少数民族占比大、少数民族种类多、人口较少民族分布丰富地区的支持力度。

---

① 荣启涵,黄小希.为了一个民族都不少的全面小康——我国多部门共同推动民族地区发展[EB/OL].（2017-12-23）新华网.http://www.gov.cn/xinwen/2017-12/23/content_5249838.htm.

当前，我国主要从以下三个方面大力支持少数民族文化事业发展。一是支持繁荣少数民族文艺创作。通过国家出版基金、国家艺术基金、电影精品专项资金等，资助话剧、舞剧、歌剧、电影、图书等多种少数民族题材文艺作品的创作生产，支持打造思想精深、艺术精湛、制作精良的文艺精品佳作。二是支持提升少数民族地区公共文化服务水平。中央补助地方公共文化服务体系建设专项资金重点向民族地区倾斜，集中实施了流动舞台车工程、民族自治县边境县综合文化服务中心覆盖工程广播器材配置、中西部地区"送戏下乡镇"等一批文化惠民项目，推动改善基层公共文化体育设施条件、加强基层公共文化服务人才队伍建设，保障少数民族地区广大群众收听广播、观看电视、观赏电影、开展文体活动等基本文化权益。三是支持少数民族地区新闻出版广播电视事业发展。通过相关转移支付，支持实施党中央、国务院确定的少数民族新闻出版广播电视重点工程、计划、项目等，加强少数民族语广播电视节目译制和民族语言文字出版能力建设。

下一步，中央财政将积极贯彻落实党的十九大提出的"加大力度支持革命老区、民族地区、边疆地区、贫困地区加快发展"有关精神，继续加大民族地区转移支付力度，保持转移支付相对较快增长，不断完善转移支付办法，提高转移支付资金使用绩效，提升民族地区基本公共服务水平，加快推进民族自治地方经济和社会发展。

二、近年来我国在发展少数民族文化事业方面所做的工作及取得的成绩

我国是一个统一的多民族国家，共有55个少数民族、155个民族自治地方，民族自治地方面积占全国国土总面积的64%。"十三五"时期，把加快少数民族和民族地区发展摆到更加突出的战略位置，对于补齐少数民族和民族地区发展短板，保障少数民族合法权益，提升各族人民福祉，增进民族团结进步，促进各民族交流交往交融，维护社会和谐稳定，确保国家长治久安，实现全面

建成小康社会和中华民族伟大复兴的中国梦具有重要意义。根据党中央、国务院的相关文件精神，文化部、国家新闻出版署、国家民族事务委员会等有关部门贯彻落实并进一步加强了少数民族文化事业建设。少数民族文化是中华文化的重要组成部分，加快少数民族文化事业发展是实现文化大发展大繁荣的重要任务。

（一）大力加强少数民族和民族地区公共文化事业与基础设施建设

从中华人民共和国成立之初，我国就开始在少数民族地区建设各级各类群众文化事业机构。特别是改革开放以来，民族地区的文化建设经历了从发展群众文化事业到构建公共文化服务体系的转变，已经初步建立了较为完整的公共文化服务体系。但由于民族地区经济发展相对滞后，公共文化服务体系建设在全国也最为薄弱，成为制约少数民族文化事业发展的最大瓶颈。中华人民共和国《公共文化服务保障法》指出，加强民族地区公共文化服务，满足民族地区群众基本文化需求，对于提高各族群众文化素养、促进民族团结和社会稳定、提高文化认同和国家认同，增强中华民族凝聚力具有重要而深远的意义。

因此，中央财政支持提升少数民族地区公共文化服务水平，补助地方公共文化服务体系建设专项资金重点向民族地区倾斜，推动改善基层公共文化体育设施条件、加强基层公共文化服务人才队伍建设，保障少数民族地区广大群众收听广播、观看电视、观赏电影、开展文体活动等基本文化权益。

民族八省区在公共文化服务建设方面取得了一定的成绩。广西壮族自治区推进基层公共文化服务体系建设，设施不断完善，管理日益规范，内容更加丰富，服务能力明显提升，加大投入力度、兴建文化项目。截至2017年，广西共建成8279个村级公共服务中心，占行政村总数的57.7%。广西共启动建设2043个村级公共服务中心，总投入达5.1亿元，建设项目数和财政投入均比2016年增长70%。云南实施"贫困地区百县万村综合文化服务中心建设示范工程"，实现贫困地区公共文化设施网络覆盖到村、基本公共文化产品和服务覆盖到人。着力抓好曲靖、昭通、大理第三批国家公共文化服务体系示范区（项目）创建工作。新疆截至2016年在地县级基层共设立美术馆54个，其中地级9个、县级45个；公共图书馆106个，其中地级14个、县级92个；文化馆118个，其中地级16个、县级102个；博物馆90个，其中地级14个、县级76个；文化站1170个，其中乡镇文化站1020个、城市街道文化中心150个；村级文化设施7795个，其中南疆三地州"十二五"中央预算内投资4151个、其他地州自筹资金建成3644个。宁夏回族自治区全区共有博物馆75个，国家综合档案馆27个，公共图书馆26个，文化馆26个，各类艺术表演团体13个。全年地方出版报纸19种，出版期刊37种，出版图书3098种。数字电视实际用户数71.26万户。年末广播节目综合人口覆盖率为96.72%；电视节目综合人口覆盖率为99.34%。

（二）积极扶植加强少数民族题材文艺创作和出版工作

加强少数民族文艺创作，办好全国少数民族文艺会演、全国少数民族文学创作"骏马奖"评奖、全国少数民族曲艺展演、全国少数民族美术作品展和中国少数民族戏剧会演。开展"中华民族一家亲"文化下基层活动，实施"春雨工程"，丰富少数民族群众精神文化生活，支持少数民族公益性文化事业发展。

民族八省区积极进行少数民族题材的文艺创作。青海省立足特有的民族民间文化资源，围绕以昆仑文化为主题的英雄史诗《格萨尔王传》所代表的民族特色文化，以三江源生态保护为主题的生态文明建设，以青海历史及近现代名人为主要题材，打造艺术精品，创作排演了民族舞剧《唐卡》、平弦戏《魂系金银滩》等剧目。云南着眼于出精品、攀"高峰"，优化艺术创作生产机制，打造入选国家舞台艺术精品工程剧目的省话剧院《独龙天路》、省花灯剧院《郑喇叭外传》；推进地方戏曲振兴计划，进一步加强对地方戏、少数民族剧种的保护与扶持，着力打造省京剧院剧目《巾帼小将》。广西艺术作品创作稳步推进，共有34个项目获得2017年度国家舞台艺术基金资助，壮剧《冯子材》《第一书记》、小品《懒汉脱贫》、话剧《花桥荣记》、舞蹈诗《侗》、儿童音乐剧《壮壮快跑》、群舞《风起苗舞》等优秀民族节目都获得了很高的评价。新疆则以新疆民俗风情、历史文化为元素创作了《千回西域》《丝路秀》《吐鲁番盛典》《喀纳斯盛典》等一批演艺精品。此外,紧紧围绕社会主义核心价值观、中国梦、民族团结等主题,开展"深入生活、扎根人民"主题实践活动,创作推出了电视连续剧《阿娜尔罕》、歌舞剧《情暖天山》、音乐杂技剧《你好,阿凡提》、音乐剧《阿拉木汗的传说》、音舞诗《阳光下的舞步》、舞剧《艾德莱斯的传说》、杂技剧《阳光·梦》,复排了红色经典剧目——音乐剧《冰山上的来客》(青春版)等一批艺术精品。宁夏实施舞台艺术精品工程,艺术创作演出进一步繁荣。坚持以人民为中心的创作导向,集中优势资源,深入实施艺术精品工程,创排舞剧《西夏轶事》、话剧《回乡税官》《闽宁镇之歌》、儿童剧《天鹅梦》、秦腔《过草地》等剧目;复排了秦腔《卧虎令》、京剧《白蛇传》;组织话剧《回民干娘》在全国14个省(市、区)巡演29场,得到中宣部、文化部领导的充分肯定,引起社会强烈反响;秦腔《狗儿爷涅槃》、京剧《庄妃》、舞蹈《花儿十八》都获得了极高的社会反响。

民族出版工作是整个民族工作的重要组成部分,发展民族出版事业,在宣传党的民族理论、民族政策,坚持民族平等,维护民族团结,促进各民族共同繁荣等方面,都发挥着不可替代的作用。党和国家历来高度重视民族出版事业的繁荣发展,特别是近年来,国家不断加大对民族出版的支持力度,民族出版物品种更加丰富,出版规模稳步增长,出版能力不断增强,少数民族群众的基本文化权益得到了更好的保障。

党的十九大审议通过的《中国共产党章程》的蒙古、藏、维吾尔、哈萨克、朝鲜、彝、壮等7种少数民族文字单行本已由中国民族语文翻译局翻译,民族出版社出版。同时,《十九大党章修正案学习问答》的少数民族文字版也已出版发行。《瑞丽少数民族传统文化与生物多样性保护》由德宏民族出版社出版,是一部大型科普文化类书籍,展现了5个世居少数民族的生态环境、宗教、文化、建筑、习俗、节庆、医药、饮食、生产生活等精彩内容,科学诠释了民俗风土人情与生物多样性保护之间的内在联系,探究了人与自然相互依存、和谐发展的科学真理。经过18年的编纂，我国第一部民族百科全书《中国民族百科全书》目前已由中国出版集团世界图书出版公司出版发行。内蒙古自治区组织实施了《蒙古族历史文化精品文库》《内蒙古历史文化丛书》等精品出版工程，推动了蒙古族民族优秀文化作品的保护。其中，《蒙古族历史文化精品文库》拟出版图书300种，书籍题材多样，内容涵盖蒙古族思想史、蒙古族民间艺术等，已出版发行第一批文库图书共8种。

2017年年底，国家民委印发了《全国少数民族古籍保护工作"十三五"规划》（以下简称《规划》），对"十三五"时期全国少数民族古籍保护工作做出了全面部署。一是继续打造"民族遗珍 书香中国——中国少数民族古籍珍品暨保护成果展"全国巡展的品牌。经与有关单位协商，已初步选定在西南民族大学，云南的楚雄彝族自治州、红河哈尼族彝族自治州继续举办全国巡展，进一步让少数民族古籍走进基层、走进校园、走进沿海地区。二是加快对人口较少民族和边远地区少数民族古籍的抢救、整理、出版工作。三是推动少数民族文字古籍定级标准的颁布实施。积极协调相关单位完成了《少数民族文字古籍定级》的征求专家意见、召开专家审查会等环节。四是推进全国少数民族古籍重点出版项目。"十三五"期间，将支持重点项目32个。其中，影印本撒拉族手抄本《古兰经》已出版，并在西宁市举行了首发式；《壮族英雄史诗——莫一大王唱本影印译注》召开了编纂工作会议，培训了相关人员；《回族金石图鉴》已开展金石文字录入、题记编撰、图片修制和书稿编校工作，标志着《中国少数民族古籍金石图录》编纂工作正式启动；其他项目也在有条不紊地推进。

此外，第四届"全国百种优秀民族图书推荐活动"自2017年6月启动以来，共收到146家出版单位申报图书645种。申报图书内容涵盖了政治、法律、哲学、社会科学、文学、艺术等19个类别，涉及蒙古文、藏文、维吾尔文、哈萨克文、朝鲜文、彝文、壮文等近20种少数民族文字。申报的图书反映了两年来民族出版取得的新成就，是全国优秀民族图书的集中展示。

（三）大力开展民族地区的对外文化交流活动

扩大少数民族文化对外交流，实施对外文化精品战略，打造"多彩中华"等品牌项目，建设民族工作领域对外传播平台。拓宽对外宣传渠道，加大民族工作对外宣传力度，努力把民族地区打造成为展现中华民族团结和多彩民族文化的重要窗口。积极开展涉及民族领域的国际人权交流；加强与相邻国家民族文化、民族事务管理部门交流合作；扩大民族院校和民族地区高校教育对外交流，提高办学国际化水平；加强民族理论政策研究国际合作；加强与旅居国外少数民族侨胞的联谊交往、经贸合作、文化交流等工作；在组织重大文化交流和开展对外文化宣传活动时，注重支持民族地区的对外交流活动。

民族八省区在对外扩大对外交流方面取得了较为显著的成绩。云南着眼于服务国家外交和对中国港澳台工作总体战略，围绕"一带一路"和面向南亚、东南亚辐射中心建设，落实"部省对口合作计划"项目，打造"文化中国·七彩云南"和"七彩云南·周边行"文化交流品牌活动，完成"海外欢乐春节"、海外中国文化中心合作交流项目。贵州省文化厅积极搭建对外文化交流合作平台，牵头承办了生态文明贵阳国际论坛首次生态文化主题论坛，京剧《魔侠吉诃德》参加塞万提斯国际艺术节。广西加大与"一带一路"沿线国家特别是东盟国家的文化交流力度，组织广西优秀艺术团队赴越南、老挝、以色列、土耳其、克罗地亚、新加坡、西班牙、德国、斯里兰卡开展文化交流演出活动，广受欢迎。宁夏服务"一带一路"战略和开放宁夏建设，对外文化交流持续扩大。成功举办"多彩文化·神奇宁夏"文化展和"丝路梦·回乡情"中国宁夏文艺演出；宁夏智慧宫文化传媒公司与埃及马阿里夫集团等多家机构签订文化项目20个；完成"中阿情·丝路梦"专场文艺演出；组团赴莫斯科举办"东方神韵·魅力宁夏"文艺表演、"远古记忆"宁夏岩画特展、"东方神韵"宁夏美术作品展、"丝路意匠"中国宁夏非遗作品展等活动；召开"早期丝绸之路与东西文化交流"国际学术研讨会、"丝绸之路与秦汉时期与固原区域文化"国际学术研讨会，推动东西文化交流。

（四）积极保护少数民族文物和非物质文化遗产

文化部、国家文物局强调加强少数民族优秀传统文化保护传承，一是要重点抢救和保护少数民族传统经典、民间文学、音乐、舞蹈、美术、技艺、医药等非物质文化遗产；二是实施重点文物保护工程，提升民族文物展示水平；三是加强少数民族非物质文化遗产集聚区整体性保护，支持民族地区设立文化生态保护实验区；四是积极开展少数民族非物质文化遗产生产性保护，命名了一批国家级少数民族非物质文化遗产生产性保护示范基地；五是加大对少数民族非物质文化遗产濒危项目代表性传承人抢救性保护力度；六是支持少数民族文化申报世界文化遗产名录，促进少数民族非物质文化遗产保护传承，建设一批少数民族国家级非物质文化遗产保护利用设施；七是继续实施中国语言资源保护工程，建设国家语言资源服务系统，加大少数民族濒危语言文字保护力度；八是保护发展少数民族传统体育，推广少数民族传统体育项目，加快培养少数民族传统体育人才，建立少数民族传统体育项目训练、示范基地，推动少数民族传统体育项目、体育赛事和全民健身融合发展，打造具有民族特色的全面健身品牌赛事活动，办好全国少数民族传统体育运动会。

民族八省区在保护少数民族文物和非物质文化遗产方面取得了一定的成绩。例如，云南着力推进西南联大旧址和云南陆军讲武堂旧址的文物保护利用工程、"互联网＋中华文明"行动计划，以及普洱景迈山古茶林申遗工作和茶马古道、滇缅公路、滇越铁路文化线路整体保护工作；承办了"澜湄流域国家文化遗产保护及推广研讨会"，举办第十届云南省民族民间歌舞乐展演、"七彩云南·2017（国际）民族赛装文化节""文化与自然遗产日"系列活动等。新疆建立了国家、自治区、地（州、市）和县（市、区）四级非遗代表性项目名录体系。全区各级政府公布了4450项非遗代表性项目，其中83项入选国家级名录、293项入选自治区级名录、1289项入选地（州、市）级名录。新疆维吾尔木卡姆艺术、玛纳斯列入联合国教科文组织人类非遗代表作名录，麦西热甫列入急需保护的非遗名录。宁夏加大文化遗产保护传承力度，重点工程项目推进取得新进展。以西夏陵申遗、丝绸之路宁夏（固原）段申遗扩展项目、长城保护等为重点，推动文化遗产保护传承。取得的成绩有推进西夏陵申遗，实施丝绸之路宁夏（固原）段申遗扩展项目，完成固原北朝隋唐墓地保护总体规划编制、固原古城加固保护（一期）、固原博物馆丝路展陈提升工程、开城遗址等文物考古发掘，实施遗产点环境整治、须弥山石窟文物本体保护项目；加强古长城保护；完成贺兰山岩画抢救加固保护工程。贵州省文化厅高度重视文物保护利用工作，围绕红色文化保护，推进红军长征在贵州的线性文化遗产展示，推进传统村落保护与生态博物馆建设，120个村入选第四批中国传统村落名录，全省传统村落总计入选达到546个。加强非物质文化遗产保护传承与发展，"石阡说春"作为"二十四节气"拓展项目入选人类非物质文化遗产代表作名录，建立苏州工艺美术学院传统工艺贵州工作站，促进传统工艺走进现代生活和特色产品走进国内外市场。

（五）加快推动少数民族文化产业繁荣发展

加快民族文化产业发展，推动具有竞争潜力的少数民族文化资源进入国内国际市场，形成一定规模的民族特色文化产业。鼓励民族地区依托保护文化遗产发展旅游及相关产业，建设一批民族特色文化产业基地。支持举办民族特色节庆活动，打造特色民族文化活动品牌。推进特色文化产业发展工程、丝绸之路文化产业带、少数民族文化产业走廊等重大文化产业项目建设。

民族八省区的少数民族文化产业日益繁荣发展。广西积极争取财政资金倾斜投入，共有5个文化产业项目获得文化部扶持，38个项目获得自治区文化产业发展专项资金扶持，得到补助近4000万元。西藏推进文化和旅游产业品牌建设，做大做强以"文成公主"实景剧，传统藏戏、地方歌舞、雪顿节、藏博会等为代表的文化创意、民族歌舞、节庆会展等文化品牌，培育一批有特色、有实力、有竞争力的文化骨干企业；突出将旅游作为西藏经济主导产业的地位和作用，大力实施旅游品牌引领战略，突出"人间天堂·天上西藏"总体品牌形象，重点打造精品线路品牌和布达拉宫—大昭寺—八廓街、雅鲁藏布大峡谷、珠穆朗玛峰、纳木错等精品景区品牌，打造文化创意园、健康养老旅游基地、旅游小镇等一批旅游休闲度假胜地品牌和西藏民俗风情乡村旅游品牌。宁夏着眼于特色化培育增添新动能，文化产业加快发展。坚持把文化产业发展作为调整经济结构的重要抓手，围绕扩总量、提质量、增效益，充分发挥政府引导和市场主导作用，推动文化产业加快发展。推进园区基地建设，中阿文化园完成2016年节点工作，建成吴忠中阿文化创意园电商文化基地；推动海原县回创文化有限公司与上海牡丹缘非遗文化有限公司合作成立宁夏牡丹缘非遗文化公司，与江苏苏州刺绣研究院合作挂牌成立"苏绣研究所结对帮扶海原回绣基地"；将沙湖景区演出等10个项目列入国家金融合作扶持项目，801文化创意产业园等4个项目获得中央文产资金支持；支持宁夏盛天彩数字科技有限公司成立宁夏文化创意产品研发中心，引入创意企业成立东道·宁创品牌创意创新中心，促进文化创新成果产品化、品牌化、产业化。组织创排《千寻宁夏》《西夏盛典》《梦回·一千零一夜》等旅游演艺剧目。推动新兴文化产业发展，推动动漫游戏、软件开发、文化创意、网络传媒等新兴产业发展。新疆以文化产业博览交易会为平台，进行文化产业项目招商，推动我区文化产品走出去。近年来，新疆维吾尔自治区党委、政府持续加大文化产业支持力度，出台系列政策措施，不断优化环境，积极搭建平台，培育文化品牌。几年来，新疆文化产业总量规模稳步提升，骨干企业成长迅速，文化产品和服务更加丰富，文化产业快速发展、态势良好，文化产业增加值从2010年的45.21亿元，占当年GDP比重0.83%提升到2015年的112.68亿元，占当年GDP比重1.21%。

三、推进我国少数民族文化事业繁荣发展的建议

习近平总书记在党的十九大报告中指出，要"加强各民族交往交流交融，促进各民族像石榴籽一样紧紧抱在一起，共同团结奋斗、共同繁荣发展"。中华民族伟大复兴中国梦的实现，离不开各民族人民的共同团结奋斗。

大力发展少数民族文化事业，必须加强民族地区公共文化服务体系建设。

这是实现各族群众基本文化权益的主要途径。必须牢固树立"文化民生"的理念，按照结构合理、网络健全、运行有效、惠及全民的原则，以政府为主导，以公共财政为支撑，以公益性文化事业单位为骨干，以边疆、基层和农牧区为重点，鼓励全社会积极参与，加快建设覆盖全部少数民族和民族地区的公共文化服务体系。要加强公共文化基础设施建设，继续实施广播电视村村通、乡镇综合文化站、全国文化信息资源共享、农家书屋和农村电影放映等重大文化惠民工程。增加民族地区广播影视设施建设投入，重点加强边疆民族地区广播影视基础设施建设。要加强以公益性文化单位为骨干的服务主体建设，文化馆、图书馆、博物馆、美术馆、纪念馆、科技馆、工人文化宫、青少年宫等向社会免费开放服务。积极探索符合民族地区特点、适应少数民族群众需要的文化服务方式，千方百计把健康向上的精神文化产品和服务送到城乡基层，送到农牧区、边远山区，丰富少数民族群众的精神文化生活。

大力发展少数民族文化事业，必须建设少数民族优秀传统文化传承体系。少数民族传统文化源远流长、博大精深，已成为中华民族共同的精神记忆和中华文明特有的文化基因。要全面认识少数民族优秀传统文化的历史意义和现实价值，按照古为今用、推陈出新的原则，深入挖掘、大力弘扬少数民族传统文化的有益思想价值，汲取其中的合理内核，并赋予新的时代内涵，不断发扬光大，使之成为涵养民族精神的不竭源泉。中华民族五千年文明流传下来的丰富文化遗产，是文化延续和传承的重要载体，必须加大保护力度。要实施少数民族重点文物保护工程，大力推进少数民族古籍资源数字化。做好少数民族非物质文化遗产保护工作。加强对少数民族特色文化的保护，特别要做好少数民族语言文字类党报党刊、广播影视节目、出版物等译制、出版工作。深入挖掘民族传统节日内涵，广泛开展优秀传统文化教育普及活动，使优秀文化传统更好地渗透和融入人们的工作、学习和日常生活中。

大力发展少数民族文化事业，必须加快民族地区城乡文化一体化发展。加快城乡文化一体化发展，是缩小城乡文化差距、增强文化发展均衡性的重大创举。要把边疆地区、集中连片特困地区、农牧区作为重点地区，把更多的文化资源向这些地区配置，把更多的文化项目向这些地区安排。要突出工程化措施，加快推进广播电视村村通、乡镇综合文化站、文化信息资源共享、农村电影放映、农家书屋等文化惠民工程。实施扶持人口较少民族发展、兴边富民行动"十二五"规划，开展武陵山片区扶贫开发时，要加大文化建设的投入力度。要突出群众性活动，广泛开展全民阅读、全民健身、文化科技卫生"三下乡""中华民族一家亲"文化下基层等活动，推进活动开展的经常化。以城带乡、以工促农是实现城乡一体化发展的重要途径。要积极推进民族地区城市图书馆、博物馆等文化资源与农牧区和基层互动，实现城乡文化资源的优势互补。加强对农牧区文化帮扶，鼓励城市骨干文化企业向农村延伸，调动各类专业艺术表演团体深入农牧区演出，支持主要媒体推出服务农牧民的栏目和节目，繁荣发展农牧区文化市场，使农牧民能够就近、方便地享受文化成果。

第二节 2016—2017年民族地区扶贫开发与社会保障事业

一、加快民族地区扶贫开发和社会保障事业发展意义重大

社会发展相比经济发展所涉及的内容更加广泛，对国家整体发展水平的影响也更为深远，是改善人民生活水平的迫切需要，是全面建成小康社会的必然选择。促进民族地区社会发展，保障和改善民生，要抓住人民最关心最直接最现实的利益问题，保障群众基本生活，不断满足人民日益增长的美好生活需要，不断促进社会公平正义，形成有效的社会治理、良好的社会秩序，使人民获得感、幸福感、安全感更加充实、更有保障、更可持续。

习近平总书记指出，民族地区具有集"六区"于一身的特点，即民族地区是我国的资源富集区、水系源头区、生态屏障区、文化特色区、边疆地区、贫

困地区。①再加上民族自治地方占国土总面积64%的这一特点,从中不难看出,少数民族和民族地区既有发展的优势,又有贫困面大这块短板。我国各少数民族的发展状况和民族地区的突出特点,既深刻反映出我国民族工作具有重要性、复杂性、艰巨性和全局性,又使我们得到了一种共识:没有民族地区和各少数民族的现代化,就没有中国的现代化;没有民族地区和各少数民族的全面小康,就没有中国的全面小康。目前,我国正处于全面建成小康社会的决胜阶段,"小康不小康,关键看老乡"。全面建成小康社会,民族地区和农村是发展的重点和难点,全国贫困地区的脱贫攻坚特别是少数民族和民族地区的脱贫是突出的一块短板。因此,要如期达到少数民族和民族地区人民群众的脱贫底线,是我们党和国家今后几年一定要啃下的一块"硬骨头"。②

二、党和国家推进民族地区扶贫开发与社会保障工作的重要举措

(一)推动民族地区扶贫开发和社会保障的政策日益完善

2017年2月,习近平总书记在主持中共中央政治局第三十九次集体学习时强调,要坚持精准扶贫、精准脱贫。要打牢精准扶贫基础,通过建档立卡,摸清贫困人口底数,做实做细,实现动态调整。要提高扶贫措施有效性,核心是因地制宜、因人因户因村施策,扶贫小额信贷、扶贫再贷款等政策要突出精准。2017年6月,习近平总书记在深度贫困地区脱贫攻坚座谈会上发表讲话,强调贫困地区脱贫要坚持精准扶贫、精准脱贫基本方略。区域发展必须围绕精准扶贫发力。深度贫困地区的区域发展是精准扶贫的基础,是精准扶贫的重要组成部分。在深度贫困地区促进区域发展的措施必须围绕如何减贫来进行,真正为实施精准扶贫奠定良好基础。2017年10月,习近平总书记在党的十九大报告中指出,要坚决打赢脱贫攻坚战,要动员全党全国全社会力量,坚持精准扶贫、精准脱贫,确保到2020年我国现行标准下农村贫困人口实现脱贫,贫困县全部摘帽,解决区域性整体贫困,做

---

① 中央宣传部.习近平总书记系列重要讲话读本(2016年版)[M].北京:人民出版社,2016.
② 中央宣传部.习近平总书记系列重要讲话读本(2016年版)[M].北京:人民出版社,2016.

到脱真贫、真脱贫。

中共中央办公厅、国务院办公厅2016年12月印发《关于进一步加强东西部扶贫协作工作的指导意见》，并发出通知，要求各地区各部门结合实际认真贯彻落实。强调东西部扶贫协作和对口支援是推动区域协调发展、协同发展、共同发展的大战略，是加强区域合作、优化产业布局、拓展对内对外开放新空间的大布局，是打赢脱贫攻坚战、实现先富帮后富、最终实现共同富裕目标的大举措。国家旅游局2018年3月发布《关于进一步做好当前旅游扶贫工作的通知》，进一步细化分工责任、精准脱贫机制、创新帮扶举措、加强政策衔接、着力推进贫困地区旅游产业发展。

（二）对民族地区扶贫开发的资金投入支援不断加大

中央财政以民族地区转移支付为重要抓手，不断增强民族地区基本公共服务保障能力，支持民族地区加快发展。一是转移支付规模快速增长。2017年，中央财政下达民族地区转移支付704亿元，比2000年增加678.47亿元，年均增幅达21.5%。二是转移支付范围逐步扩大。逐步将内蒙古、广西、西藏、宁夏、新疆等5个民族自治区和青海、云南、贵州等3个财政体制上视同少数民族地区对待的省份，以及民族自治州、民族自治县纳入了民族地区转移支付范围。三是转移支付办法不断完善。2010年建立了转移支付规模稳定增长机制，2017年引入了民族人口占比、世居少数民族个数、人口较少民族种类等体现民族特征的因素，加大了对少数民族占比大、少数民族种类多、人口较少民族分布丰富地区的支持力度。

下一步，中央财政将积极贯彻落实党的十九大提出的"加大力度支持革命老区、民族地区、边疆地区、贫困地区加快发展"有关精神，继续加大民族地区转移支付力度，保持转移支付相对较快增长，不断完善转移支付办法，提高转移支付资金使用绩效，提升民族地区基本公共服务水平，加快推进民族自治地方经济和社会发展。

为了推动《"十三五"促进民族地区和人口较少民族发展规划》（国发

〔2016〕79号)顺利实施,集中帮扶发展相对滞后的人口较少民族整体率先脱贫,推进发展水平较高的人口较少民族整体率先奔小康,分批分步实现全面小康,近日,国家发改委下达中央预算内投资8亿元,支持内蒙古、辽宁等13个省区和新疆生产建设兵团人口较少民族聚居行政村项目建设,主要包括基础设施建设、基本公共服务设施、生态环境保护和人居环境整治,以及民族文化传承等4个领域。

三、我国民族地区少数民族扶贫开发工作取得的新进展及新目标

(一)我国民族地区少数民族扶贫开发工作取得的新进展

一是创造了我国减贫史上的最好成绩。从贫困人口的减少看,2012年年底,我国现行标准下的贫困人口是9899万人,到2017年年底,贫困人口在3000万左右,5年累计减贫6853万人,现行标准下的贫困人口在这五年时间里减少了2/3以上,年均减少1370万贫困人口,2017年全国贫困发生率下降3.1%,离消除绝对贫困的目标越来越近。[①]从贫困县摘帽看,我国自1986年设立贫困县以来,经过3次调整,每次总量都是有增无减。2016年,有28个贫困县率先脱贫摘帽,第一次实现了贫困县总量的减少,表明我们在解决区域性整体贫困方面迈出了坚实的步伐。

二是促进了贫困地区的经济社会发展。贫困地区以脱贫攻坚统揽经济社会发展全局,呈现出新的发展局面。通过产业扶贫,推动旅游扶贫、光伏扶贫、电商扶贫等新业态快速发展,进而促进了经济发展。通过生态扶贫、易地扶贫搬迁、退耕还林,明显改善了贫困地区生态环境。通过基础设施和公共服务的大量投入,贫困地区尤其是基层的生产生活条件明显改善,增强了发展后劲。通过组织开展贫困识别,实施扶贫项目,增强了农村基层组织的凝聚力、战斗力,培育壮大了村集体经济,提升了农村基层的治理能力和管理水平。我们还通过选派第一书记和驻村工作队,既锻炼了干部,又培养了人才,为国家积累

---

① 国务院扶贫办夏更生:去年全国贫困发生率下降3.1%[Z](2018-03-25)http://www.cnfpzz.com//yaowen/2018/0327/12326.html

了宝贵财富。

三是形成了全社会合力攻坚局面。东西部扶贫协作加快了西部地区脱贫攻坚步伐，促进了区域协调发展。定点扶贫畅通了党政机关，特别是中央国家机关了解基层的渠道，增强了决策的针对性、科学性。贫困人口发挥主体作用，提高了自我发展能力，激发了内生动力，社会各界广泛参与脱贫攻坚，弘扬了中华民族扶贫济困、守望相助的优良传统，营造了向上向善的社会氛围，彰显了社会主义的核心价值观。脱贫攻坚的伟大成就为实施乡村振兴战略奠定了基础，为全球减贫事业贡献了中国智慧和中国方案，彰显了中国共产党领导的政治优势和社会主义制度优势，更加坚定了"四个自信"。

（二）我国民族地区少数民族扶贫开发工作的新目标

第一，坚持精准扶贫、精准脱贫。实现扶持对象精准、资金使用精准、项目安排精准、因村派人精准、措施到户精准、脱贫成效精准。在精准扶贫战略中，精准识别和建档立卡是关键环节。要定期核查建档立卡的贫困村、贫困户和贫困人口，实行有进有出的动态管理。要根据致贫原因和脱贫需求，对贫困人口分类进行扶持。

第二，坚持中央统筹、省负总责、市县抓落实的工作机制，强化党政一把手负总责的责任制。中央统筹、省（自治区、直辖市）负总责、市（地）县抓落实。党中央、国务院主要负责统筹制定扶贫开发大政方针，出台重大政策举措，规划重大工程项目。省（自治区、直辖市）党委和政府对扶贫开发工作负总责，抓好目标确定、项目下达、资金投放、组织动员、监督考核等工作。市（地）党委和政府负责上下衔接、域内协调、督促检查工作。县级党委和政府承担主体责任，书记和县长是第一责任人，负责进度安排、项目落地、资金使用、人力调配、推进实施等工作。各级领导要层层签订脱贫攻坚责任书，扶贫开发任务重的省（自治区、直辖市）党政主要领导要向中央签署脱贫责任书，每年要向中央作扶贫脱贫进展情况的报告。市（地）、县（市）、乡镇领导要向上级党委政府签署脱贫责任书并报告扶贫脱贫进展情况。

第三，坚持大扶贫格局。扶贫开发是全党全社会的共同责任，要动员和凝聚全社会力量广泛参与。要坚持专项扶贫、行业扶贫、社会扶贫等多方力量、多种举措有机结合和互为支撑的"三位一体"大扶贫格局，健全东西部协作、党政机关定点扶贫机制，广泛调动社会各界参与扶贫开发积极性。要加大中央和省级财政扶贫投入，坚持政府投入在扶贫开发中的主体和主导作用，增加金融资金对扶贫开发的投放，吸引社会资金参与扶贫开发。要积极开辟扶贫开发新的资金渠道，多渠道增加扶贫开发资金。

第四，注重扶贫同扶志、扶智相结合。干部群众是脱贫攻坚的重要力量，贫困群众既是脱贫攻坚的对象，更是脱贫致富的主体。要引导贫困群众树立主体意识，发扬自力更生精神，调动贫困群众的积极性、主动性、创造性，注重培育贫困群众发展生产和务工经商的基本技能，注重激发贫困地区和贫困群众脱贫致富的内在活力，注重提高贫困地区和贫困群众自我发展能力。

第五，深入实施东西部扶贫协作。东西部扶贫协作和对口支援，是推动区域协调发展、协同发展、共同发展的大战略，是加强区域合作、优化产业布局、拓展对内对外开放新空间的大布局，是实现先富帮后富、最终实现共同富裕目标的大举措。东部地区要根据财力增长情况，逐步增加对口帮扶财政投入。西部地区要整合用好扶贫协作和对口支援等各类资源，聚焦脱贫攻坚。在完善省际结对关系的基础上，着力推动县与县精准对接，探索乡镇、行政村之间结对帮扶。动员东部地区各级党政机关、人民团体、企事业单位、社会组织、各界人士等积极参与脱贫攻坚工作。推进东部产业向西部梯度转移。

第六，重点攻克深度贫困地区脱贫任务。加快推进深度贫困地区脱贫攻坚，强化支撑保障体系，加大政策倾斜力度，集中力量攻关，万众一心克难，确保深度贫困地区和贫困群众同全国人民一道进入全面小康社会。

第三节　巩固和发展民族团结进步事业的新成效

民族团结是各族人民的生命线。各民族同胞要手足相亲、守望相助，共同维护民族团结、国家统一。党和国家历来十分重视民族团结。毛泽东曾郑重指出："国家的统一，人民的团结，国内各民族的团结，这是我们的事业必定要胜利的基本保证。"习近平总书记也多次强调民族团结的重要性，将其视为各族人民的生命线，这是在当前民族工作面临新的国内外局势的时代背景下，习近平总书记基于中国统一的多民族国家这一基本国情对马克思主义民族观的创造性运用。

一、巩固和发展民族团结进步事业具有重要意义

巩固和加强民族团结，维护社会稳定和国家统一，关系建设中国特色社会主义伟大事业的大局。民族团结是国家团结统一的重要保证，要着眼于巩固各族人民的大团结，着眼于增强中华民族的凝聚力，着眼于弘扬以爱国主义为核心的民族精神，进一步加强民族关系协调工作，引导各族群众不断增强对伟大祖国的认同，对中华民族的认同，对中华文化的认同，对中国特色社会主义道路的认同；增强汉族离不开少数民族，少数民族离不开汉族，各少数民族之间也相互离不开的思想观念；增强法制意识、公民意识，坚定自觉地维护国家统一和民族团结[①]。

（一）巩固和发展民族团结进步事业是党和国家民族政策的体现

党和国家历来高度重视民族问题，根据我国的国情，制定了以民族平等、民族团结、民族区域自治、实现各民族共同繁荣为基本内容的一整套民族政策，为解决我国的民族问题，发展社会主义民族关系，推进我国民族团结进步事业提供了保证。巩固和发展民族团结进步事业，就是要全面贯彻落实民族法

---
① 参见《中央宣传部 中央统战部 国家民委关于进一步开展民族团结进步创建活动的意见》。

律法规和民族政策；就是要使各族干部群众深刻认识贯彻民族法律法规和民族政策的重要性，坚持实事求是，坚持一切从实际出发，把民族法律法规和民族政策落实到民族工作的各个方面、各个环节，真正转化为维护民族团结、社会稳定和国家统一、保障少数民族合法权益、促进少数民族和民族地区发展的巨大力量。

（二）巩固和发展民族团结进步事业是社会和谐稳定的基础

当前，由于种种原因，影响民族团结的问题依然存在。巩固和发展民族团结进步事业，要及时、妥善处理影响民族团结问题。而处理影响民族团结的问题，要高举维护社会稳定、维护社会主义法制、维护人民群众根本利益、维护祖国统一、维护民族团结的旗帜。在遇到具体问题时，要严格区分和正确把握不同性质的矛盾，坚持具体问题具体分析，是什么问题就按什么问题处理，不能把与民族关系无关的问题归入民族问题。要坚持在法律面前人人平等。在遇到违法犯罪的，不论涉及哪个民族，都要坚决依法处理。对人民内部矛盾，要采取教育、疏导、化解的办法来解决；对极少数蓄意挑拨民族关系、破坏民族团结的违法犯罪分子，则要坚决依法打击。要深入开展社会主义法制教育，引导各族群众学会运用法律来表达诉求和维护权益，做知法守法的公民。

（三）巩固和发展民族团结进步事业是国家各项事业的保障

巩固和发展民族团结进步事业，是中华民族的前途所在、力量所在、生命所在。做好民族工作是事关国家团结统一和长治久安的重大任务，是国家各项事业蓬勃发展的重要保障。巩固和发展民族团结进步事业，是少数民族和民族地区加快发展的力量源泉和重要保障，利于推动国家支持民族地区发展的政策、相关规划的贯彻落实和创新发展，以及引导各族人民为全面建设小康社会共同奋斗。要将巩固和发展民族团结进步事业和改善民生紧密结合起来，大力发展教育、卫生、文化等社会事业，促进各族群众的就业，让各族人民进一步共享改革发展成果。加强民族团结宣传教育是巩固和发展民族团结的重要抓手，要在全社会唱响民族大团结的时代强音，促进各民族互相信任、互相尊重、互相学习、互相帮助，要大力推进民族领域的社会管理创新，努力拓展中国特色解决民族问题的宽广道路。

二、巩固和发展民族团结进步事业的具体措施

（一）推进民族团结进步事业发展的政策保障

1. 近年来巩固和发展民族团结进步事业的相关政策

党和国家高度重视民族团结进步事业。2017年3月10日，习近平总书记在参加十二届全国人大五次会议新疆代表团审议时指出，我国是统一的多民族国家，一部中华民族史就是一部各民族团结凝聚、共同奋进的历史。民族团结是各族人民的生命线，要像爱护自己的眼睛一样爱护民族团结，像珍视自己的生命一样珍视民族团结，像石榴籽那样紧紧抱在一起。2016年12月24日，国务院印发《"十三五"促进民族地区和人口较少民族发展规划》，对巩固和发展民族团结进步事业进行了细致部署，一是要促进各民族交往交流交融；二是要推进民族团结进步创建示范区（单位）建设；三是要加强民族团结进步宣传教育，培育中华民族共同体意识；四是要完善民族团结进步创建支撑体系。近年来，党和政府出台了一系列指导性文件，召开了一系列会议，如中央民族工作会议、全国民族团结进步创建活动经验交流会、中央第六次西藏工作座谈会、中央统战工作会议、全国宗教工作会议。

2. 各省区的配套政策

新疆维吾尔自治区深刻领会习近平总书记重要指示精神，颁布实施《新疆维吾尔自治区民族团结进步工作条例》，出台《自治区依法管理民族事务促进民族团结的实施意见》；以习近平总书记给库尔班大叔的女儿托乎提汗的重要回信为契机，深入贯彻落实习近平总书记在参加十二届全国人大五次会议新疆代表团审议时重要讲话精神，下发《关于推进"民族团结一家亲"和民族团结

联谊活动制度化常态化长效化建设的通知》，进一步增强"四个意识"。宁夏回族自治区研究制定《关于深入贯彻落实自治区第十二次党代会精神打造全国民族团结进步示范区的实施意见》，启动《宁夏回族自治区民族团结进步条例》前期调研论证工作，成立民族团结进步创建指导中心，加强对各地各部门民族团结创建活动的指导，完善全区民族团结进步创建活动示范单位测评指标体系，委托第三方对各地各部门推荐的单位进行测评。青海省出台《青海省建设民族团结进步大省实施意见》《青海省依法治理民族事务深化民族团结进步的实施意见》和《青海省民族团结进步条例》。贵州省委统战部、省民宗委、省民政厅2017年联合印发《关于加强爱国宗教团体制度建设的意见》。云南省委、省政府印发了《云南省建设我国民族团结进步示范区规划（2016—2020年）》，对坚持中国特色解决民族问题的正确道路作出新的实践和示范，使示范区建设实体化、工程化、项目化，确保中央和省委、省政府关于示范区建设的部署落到实处。西藏自治区印发了《"讲党恩爱核心、讲团结爱祖国、讲贡献爱家园、讲文明爱生活"喜迎党的十九大主题教育实践活动宣讲提纲》，该提纲系统地宣传了党的十八大以来习近平总书记系列重要讲话精神，特别是"治国必治边、治边先稳藏"的重要战略思想和"加强民族团结、建设美丽西藏"的重要指示，宣传了习近平总书记关于中国梦、全面建成小康社会、社会主义精神文明建设、社会主义核心价值观、民族宗教工作、依法治国、脱贫攻坚、生态文明建设的重要论述，深入解读了中央第六次西藏工作座谈会精神，全面宣传了自治区第九次党代会精神。广西壮族自治区印发《关于开展民族团结进步创建活动的指导意见》的通知，该通知要求要深入贯彻落实中央关于民族工作的决策部署和习近平总书记关于民族工作系列重要讲话精神，牢牢把握"两个共同"的主题，坚持"中华民族一家亲，同心共筑中国梦"总目标，坚持建设小康同步、公共服务同质、法制保障同权、民族团结同心、社会和谐同创的总任务，坚持人文化、大众化、实体化的总要求，以创建活动进机关、进企业、进社区、进乡（镇）村、进学校、进宗教场所（即"六进"）为主阵地、主渠道，通过开展形式多样、群众喜闻乐见活动，教育和引导各族干部群众进一步增强"三个离不开""五个认同"的理念，促进各民族交流交往交融。打造一批全国、全区民族团结进步创建示范单位，充分发挥示范引领作用，推进民族团结进步创建活动全面深入持久开展，为持续建设民族团结进步模范区，构筑各民族共有精神家园，共建和谐社会，实现中华民族伟大复兴的中国梦而努力。内蒙古自治区出台了《关于加快推进蒙古语言文字信息化建设的意见》《内蒙古民族团结进步模范评选表彰办法》《关于开展民族团结进步创建活动的实施意见》《民族团结进步创建活动示范命名管理办法》等规范性文件。

（二）民族团结进步的教育宣传活动更加多样

1. 充分利用民族自治区成立周年庆典宣传展示民族团结进步成果

1947年5月1日，内蒙古自治区成立。70年来，内蒙古自治区在党和国家的帮助和支持下，不辱使命，奋力向前。习近平总书记为内蒙古自治区成立70周年专门题词"建设亮丽内蒙古，共圆伟大中国梦"。内蒙古充分利用自治区成立70周年庆典来宣传和展示国家关于民族团结进步的成果，宣传了一批民族团结进步的典型事迹，如海拉尔区呼伦小学、朱日和镇、内蒙古鄂尔多斯羊绒集团。

2. 充分利用新媒体互联网平台开展民族团结进步教育宣传

各省在筑牢传统宣传的基础上，以"互联网+"的思想为引导，充分利用微信、微博和客户端的方式，充分开展民族团结进步教育宣传，形成话题效应，传达了许多民族团结进步政策方针、讲述了许多民族团结进步典型故事、推出了许多民族团结进步文化产品、抓住了许多民族团结进步关键少数，取得良好成效，涌现出了许多优秀的文艺作品，如音乐剧《桂花雨》、音乐舞蹈诗《花山》和《冯子材》在全国都产生较大的影响力。内蒙古自治区建设开通了"内蒙古民族"手机APP客户端，面向区内外广大干部群众权威解读党的民族、蒙古语文法律法规和政策。在2017年5月民族政策法规宣传月内向全区1600万移动用户发送了宣传党的民族政策、促进民族团结的公益短信。

3. 通过开展主题教育活动推进民族团结进步教育宣传

各地深入学习贯彻习近平总书记系列重要讲话精神特别是关于民族工作的重要论述，深入学习贯彻中央民族工作会议，以"中华民族一家亲，同心共筑中国梦"为主线，切实增强政治意识、大局意识、核心意识和看齐意识，围绕迎接、宣传和贯彻党的十九大，坚持稳中求进的工作总基调，广泛、深入地开展民族团结进步宣传教育工作，着力宣传以习近平同志为核心的党中央关于民族工作的新思想新论断新要求，着力宣传各地少数民族和民族聚居地区全面建成小康社会的新实践新成就新经验，着力宣传平等团结互助和谐的社会主义民族关系，巩固和发展民族团结进步事业。例如，安徽省根据国家民委、教育部、团中央召开的"建设伟大国家、建设美丽家乡"主题教育经验交流会，以"民族团结一家亲"为主题，号召本省民族中小学和各级各类内地民族班重点参与，通过开展主题班会（团会）、主题征文、主题演讲、校园文体展示、主题社会实践等活动，推进民族团结教育进校园，强化各族青少年学生中华民族共同体意识，用共同的信念、共同的理想、共同的感情团结凝聚他人，增强对伟大祖国、中华民族、中华文化、中国共产党、中国特色社会主义的认同。

（三）民族团结进步示范区创建和示范个人评选活动更具典型

1. 国家民委出台相关政策支持民族团结进步示范区的创建与评选

2013年9月，国家民委决定以新疆伊犁哈萨克自治州等13个州（市、盟）作为开展全国民族团结进步创建活动示范州（地、市、盟）试点，掀起了新一轮民族团结进步创建活动热潮。这几年来，各地同创共建，立足于实现民族团结、社会稳定和长治久安，牢牢把握"两个共同"主题，高度重视、高位推动，广泛动员、精心部署，创新创造、狠抓落实，围绕中心、聚焦民生，机制健全、保障有力，创建活动取得了明显成效，涌现了一大批先进典型。开展民族团结进步创建，是立足我国国情，推进民族团结进步事业的重要举措和有效载体。党的十八大以来，各地各部门深入贯彻以习近平总书记为核心的党中央关于新形势下民族工作的重要决策部署，强化"四个意识"，坚定"四个自信"，紧扣"两个共同"主题，奋发图强、砥砺前行，不断丰富民族团结进步创建内涵，创新理念、手段、方法，在全社会涌现出一大批先进典型，发挥了积极的示范引领作用。

民族团结是我国各族人民的生命线。国家民委要求各地要深入学习贯彻党的十九大精神，以习近平总书记新时代中国特色社会主义思想为指引，坚持"中华民族一家亲，同心共筑中国梦"总目标，锐意进取，苦干实干，在贯彻执行党的民族政策上作出表率，在促进各民族交往交流交融方面作出示范，在新时代更有新作为。要进一步落实中央新精神新要求，将创建作为推动新时代民族工作的重要抓手，向更广范围、更深领域推进，努力推动形成全社会共同支持、共同参与创建的良好局面。要进一步加强思想文化引领，践行社会主义核心价值观，深化民族团结进步教育，坚守各民族共有精神家园，铸牢中华民族共同体意识。要进一步创新方式载体，坚持人民主体地位，注重人文化、大众化、实体化，推动各民族文化交流互鉴，不断激发各族人民奋发进取的精神动力。进一步增强创建实效，改善民生争取人心，努力解决好与各族群众密切相关的突出问题，提高依法治理民族事务的水平，激励引导各族人民把智慧和力量凝聚到促进民族团结、共建美好家园上来，不断谱写我国民族团结进步事业的新篇章，为实现决胜全面建成小康社会、夺取新时代中国特色社会主义伟大胜利作出新的贡献。①

2. 民族地区民族团结进步示范区的创建和示范个人的评选

（1）贵州省。贵州省大力开展民族团结进步繁荣发展示范区工作，围绕中心抓创建、抓好创建促中心，上下联动，多措并举，不断创新和丰富创建工作的内涵，走出了一条具有贵州特色的"多彩"创建之路。一是注重宣传教育、营造社会氛围。将宣传教育贯穿于创建工作的全过程，多层次、多形式、多角度地开展各类培训和宣传，《贵州日报》开辟"民族团结示范区建设"专栏、贵州电视台制作了《民族和谐在贵州》专题片、贵州广播电视台开办"阳

---

① 参见《国家民委关于命名第五批全国民族团结进步创建示范区（单位）的决定》（民委发〔2017〕142号）。

光952"民族工作点播台。二是突出政策支持、巩固物质基础。出台《关于建设民族团结进步繁荣发展示范区的意见》《关于加强和改进新形势下民族工作的意见》等一系列政策和规划。三是完善民族法规、推进创建工作法制化。将创建工作上升到推进民族事务治理体系和治理能力现代化制度层面,从法律制度上进行设计和保障。

（2）云南省。云南省坚持"在云南,不谋民族工作就不足以谋全局"的指导思想,把民族工作融入全省经济社会发展大局中来思考、研究、谋划。2015年8月,省委、省政府印发《关于加快建设民族团结进步示范区的实施意见》,部署推进示范区建设的10项重点工作,明确提出到2020年基本建成民族团结、社会和谐、人民幸福的示范区。2017年2月,省委、省政府印发《云南省建设我国民族团结进步示范区规划(2016—2020年)》,落实民生持续改善、发展动力增强、民族教育促进、民族文化繁荣、民族团结创建、民族事务治理六大工程,推进示范区建设实体化、工程化、项目化,在绩效评估上可量化。做好民族工作,事关云南改革发展稳定的大局。在新的历史起点上,云南各族人民以建设全国民族团结进步示范区为引领,广泛深入推进创建,展现了民族团结、边疆稳定、社会和谐、跨越发展的"云南现象"。

（3）广西壮族自治区。"团结和谐"作为广西精神的重要内容一直是激励各族人民团结奋斗的精神力量,各民族群众相互嵌入式生活,过去同耕一垄田、共饮一江水,如今共建城市生活,共享壮乡风情。创建活动开展以来,广西立足区情,通过建立和实施12项有关民族工作的机制,不断深化创建工作。自治区党委制定决策机制,明确责任机制,统筹协调机制,自2011年起提出加快民族事业新发展,建设民族团结进步模范区,成立民族团结进步模范区工作领导小组,制定工作进度表,印发具体实施方案；各级党委、政府逐步建立和完善部门间的民族工作协作机制,明确责任落实。自治区党委每年听取民族工作汇报,统一部署,确保中央和国家关于民族工作的各项决策落实到位。

（4）广东省。近年来，广东省认真贯彻落实中央决策部署，把民族团结进步创建作为工作重点，加强统筹规划，狠抓部署落实，工作成效显著，推动全省民族团结进步事业实现新发展。紧紧抓住顶层设计这一关键环节，有力保障民族团结进步创建工作有效开展。围绕加快民族地区发展和加强城市民族工作两大任务，提升发展水平和工作能力。通过加大财政转移支付力度、设立发展专项资金、重点帮扶3个自治县和散居少数民族贫困村等政策措施，扶持民族地区发展取得明显成效。突出抓好三个平台建设，推动创建工作落地开花。突出抓好民族团结进步创建活动。民族、民政部门联合出台加强社区民族工作的指导文件。创建表彰105个全省民族团结进步模范社区。省政府拨款1200万元打造19个城市民族工作示范性社区。

（5）甘肃省。55个少数民族聚居的甘肃省，以创建"两个共同"示范省为战略目标，积极探索新时期民族工作的新方法、新途径，不断巩固和发展平等团结互助和谐的社会主义民族关系，为加快建设幸福美好新甘肃营造了良好环境。甘肃省将创建工作纳入年度计划，与全省经济社会发展的各项工作同部署同安排同推进。2017年，在党代会报告、省政府工作报告、省委常委会工作安排中，都对创建工作进行了部署。召开全省民族团结进步创建活动现场会，并制定《甘肃省民族团结进步创建规划纲要（2015—2020年）》，紧盯"十百千万"目标任务，重点实施"全覆盖工程""滴灌工程""文化引领工程""金种子工程""精神家园工程""权益保障工程"六大工程，14个市（州）、7个自治县全部制定工程实施细则和任务分解表，创建工作在陇原大地全面铺开。

三、巩固和发展民族团结进步事业的经验与展望

（一）巩固和发展民族团结进步事业的主要经验

"十三五"时期，我国经济发展进入新常态，国际、国内发展环境更加复

杂,少数民族和民族地区发展呈现新的特点,面临新的机遇和挑战。一方面,世界局势正在发生深刻变化,地缘政治关系多极化不断向纵深发展,世界范围内不稳定不确定不平衡因素显著增多,我国发展面临的国际风险挑战加大。同时,新型工业化、信息化、城镇化、农业现代化深入推进,改革攻坚进入深水区,我国经济下行压力增大,稳增长、调结构、惠民生、防风险任务日益繁重,民族地区协调各方面关系、承受各种风险、化解社会矛盾的压力呈现加大趋势,面临脱贫攻坚和实现全面小康双重任务、发展经济和保护环境双重责任、加快发展和维护团结稳定双重压力。另一方面,随着我国进入全面建成小康社会决胜阶段,"一带一路"建设加快推进,区域协调有序发展,脱贫攻坚全面展开,民族地区奔小康行动深入实施,国家对民族地区、边疆地区、贫困地区全方位扶持力度不断加大,少数民族和民族地区面临难得的发展机遇。"十三五"时期加快少数民族和民族地区发展必须把握机遇,应对挑战,确保如期实现全面建成小康社会目标。

1. 推进民族团结进步事业,要坚持党的领导,坚持民族区域自治制度

长期以来,党和国家坚持巩固和发展平等、团结、互助、和谐的社会主义民族关系,在1954年就将"禁止对任何民族的歧视和压迫,禁止破坏各民族团结的行为"写入了我国第一部宪法。2014年,中央民族工作会议指出,民族区域自治制度是我国的一项基本政治制度,是中国特色解决民族问题的正确道路的重要内容。要坚持统一和自治相结合、民族因素和区域因素相结合,把宪法和民族区域自治法的规定落实好,关键是帮助自治地方发展经济、改善民生。习近平总书记指出,人心是最大的政治。人心在我,各族人民就能众志成城。民族团结说到底是人与人的团结。船的力量在帆上,人的力量在心上。做民族团结重在交心,要将心比心、以心换心。党政机关、企事业单位、民主党派、人民团体都要行动起来,一起做交流、培养、融洽感情的工作,一起共创共建,民族团结、社会稳定、国家统一的人心防线就一定能筑得牢牢的。民族工作能不能做好,最根本的一条是党的领导是不是坚强有力。中国共产党的领导是民

族工作成功的根本保证，也是各民族大团结的根本保证。没有坚强有力的政治领导，一个多民族国家要实现团结统一是不可想象的。只要我们牢牢坚持中国共产党的领导，就没有任何人、任何政治势力可以挑拨我们的民族关系，我们的民族团结统一在政治上就有充分保障。这一点，各民族的同志都要牢记在心。麻绳最容易从细处断。各族群众对党和政府最直观的感受来自身边的党员、干部，来自常打交道的基层组织和基层政权。民族地区要重视基层党组织建设，使之成为富裕一方、团结一方、安定一方的坚强战斗堡垒，使每一名党员都成为维护团结稳定、促进共同富裕的一面旗帜。偏远民族地区要把工作着力点放到乡村一级，选派精兵强将，配强乡镇党政领导班子和村级党组织主要负责人。对软弱涣散的基层组织要及时整顿。各类资源配置要向基层和基础工作领域倾斜，确保基层党组织和广大干部有资源、有能力为群众服务。①

2. 推进民族团结事业，要着眼于民生，提高民族地区人民群众生活水平

我国是统一的多民族国家。各民族多元一体，是老祖宗留给我们的一笔重要财富，也是我们国家的重要优势。党中央历来高度重视民族工作和民族地区发展。党的十八大后，中央明确了当前和今后一个时期民族工作的大政方针和战略任务，我们制定出台了一系列政策举措。党中央多次强调："全面建成小康社会，一个民族都不能少。"中央这么重视民族工作，这么重视脱贫工作，就是要更好维护民族地区团结稳定，更好加快民族地区发展，更好凝聚各民族智慧和力量，各民族一起来实现中华民族伟大复兴的中国梦。

发展是解决民族地区各种问题的总钥匙。关键是实现什么样的发展？"安民可与为义，而危民易与为非。"要多办一些顺民意、惠民生的实事，多解决一些各族群众牵肠挂肚的问题。对口支援的项目和资金，不能用钱砸形象，而是要着力提供基本公共服务和改善民生。就业是社会稳定的重要保障。一个人没有就业，就无法融入社会，也难以增强对国家和社会的认同。失业的人多了，社会稳定就面临很大危险。有的民族地区就业问题突出，必须坚持就业第一，

---

① 习近平.像珍视自己的生命一样珍视民族团结[EB/OL].（2017-11-23）人民网.http：//cpc.people.com.cn/xuexi/n1/2017/1123/c385476-29663133.html.

增强就业能力，拓宽就业渠道，扩大就业容量，切实把这个民生头等大事抓好。民族地区发展二、三产业，开发项目、建设重点工程，无论谁投资，都要注重增加当地群众就业、促进当地群众增收。①

做好民族工作要大力支持民族地区加快经济社会发展，着力改善民生。发展经济的根本目的就是要让各族群众过上好日子。我们要坚定不移推动民族地区更好更快发展，同时发展要落实到改善民生上、落实到惠及当地上、落实到增进团结上，让各族群众切身感受到党的关怀和祖国大家庭的温暖。②

（二）对巩固和发展民族团结进步事业的展望

新形势下民族领域所出现的新问题、新挑战也决定了我国必然要把民族团结视为各族人民的生命线。进入21世纪以来，民族团结事业在不断发展的同时，也面临着一些新问题、新挑战。例如，随着社会主义市场经济的深入发展，社会上的竞争日益激烈，贫富差距也比较明显，社会上一些人产生了心理落差，这对民族领域也会产生影响。此外，经过60多年的不懈努力，我国已建立了比较完善的保障民族平等的法律及政策体系，各个民族之间的发展差距日益缩小，少数民族的若干发展指标已超过汉族，但少数民族人口比例较高的西部地区与东部发达地区仍有一定的差距。国内外一些别有用心的人就时常在这方面做文章，严重影响着各个民族的团结。因此，习近平总书记在2014年中央民族工作会议上着重指出，在支持民族地区加快经济社会发展、不断释放民族地区发展潜力、增强民族地区自我发展能力的同时，要用法律来保障民族团结，要旗帜鲜明地反对各种错误思想观念特别是坚决反对大汉族主义和狭隘民族主义，增强各族干部群众识别大是大非、抵御国内外敌对势力思想渗透的能力。

另外，改革开放之后各民族出现跨区域大流动，有超过2000万的少数民族群众到中东部经商、务工，也有不少内地的汉族群众到边疆地区寻求发展，

---

① 习近平. 像珍视自己的生命一样珍视民族团结[EB/OL].（2017-11-23）人民网. http://cpc.people.com.cn/xuexi/n1/2017/1123/c385476-29663133.html.
② 卢倩仪. 民族团结是我国各族人民的生命线[EB/OL].（2017-03-12）http://guoqing.china.com.cn/node_7246966.htm.

这些流动就整体而言有利于各族群众增进交流、促进感情,但中国是一个多民族、多宗教的国家,不可避免地会因为种种原因出现一些隔阂乃至摩擦。由于现代社会信息扩散速度快、民众维权意识强,不能排除一些小事件在诸多因素的作用下影响全国的可能。这就对民族团结事业提出了新的要求。尤其值得注意的是,虽然宪法明确规定"禁止对任何民族的歧视和压迫,禁止破坏民族团结和制造民族分裂的行为","中华人民共和国公民有维护国家统一和全国各民族团结的义务",但在一些不稳定事件发生后,社会上出现了一些歧视或变相歧视少数民族群众、伤害民族感情的言行,这无疑妨碍了民族团结。在2014年中央民族工作会议上,习近平总书记特别强调,"注重保障各民族合法权益,坚决纠正和杜绝歧视或变相歧视少数民族群众,引导流入城市的少数民族群众自觉遵守国家法律和城市管理规定,让城市更好接纳少数民族群众,让少数民族群众更好融入城市"。这是新形势下做好民族团结工作的重要指南。

坚持加快发展、缩小差距。紧密围绕全面建成小康社会战略目标,统筹考虑当前与长远、城乡协调发展,突出重点和难点,全力推动供给侧结构性改革,大力推进基础设施建设,着力打造产业发展新优势,不断增强自我发展能力,促进少数民族和民族地区持续健康发展,逐步缩小与其他地区发展差距。

坚持以人为本、改善民生。坚持以人民为中心,充分调动人民群众的积极性、主动性、创造性,始终把改善民生、凝聚人心、增进人民福祉、促进人的全面发展作为一切工作的出发点和落脚点,着力实现好、维护好、发展好人民群众的根本利益,切实增强各民族群众的获得感和幸福感,让少数民族和民族地区共享改革发展成果。

坚持绿色发展、保护生态。全面落实节约资源和保护环境基本国策,正确处理经济发展与生态环境保护的关系,深入推进生态文明建设,大力发展绿色经济,推动经济绿色转型,促进人与自然和谐发展,推动少数民族和民族地区走出一条生产发展、生活富裕、生态优美的绿色发展之路。

坚持因地制宜、分类指导。树立创新、协调、绿色、开放、共享的发展理念，立足民族地区资源环境条件和少数民族传统文化特点，因地制宜、分类施策、突出特色，科学确定发展模式与实施路径，加强对少数民族和民族地区发展薄弱环节的工作指导和政策扶持，确保如期实现脱贫攻坚任务。

坚持改革创新、扩大开放。充分发挥市场在资源配置中的决定性作用，更好发挥政府作用，深化重点领域和关键环节改革，鼓励先行先试，创新体制机制，释放改革活力，全方位拓展开放合作，努力构筑民族地区对内对外开放新格局。

坚持国家支持、自力更生。发挥各级党委总揽全局、协调各方的领导核心作用，紧紧抓住国家推动区域协调发展的重大机遇，坚持加大中央支持与激发地方内生动力相结合，加强顶层设计，完善政策体系，加大投入力度，厚植发展优势，加快发展步伐，提升发展水平，促进少数民族和民族地区经济社会跨越式发展。

坚持民族团结、共同发展。充分发挥社会主义制度的优越性，把民族团结作为各族人民的生命线，促进各民族唇齿相依、手足相亲、守望相助，以繁荣发展促进团结稳定，以团结稳定保障繁荣发展，促进各民族交往交流交融，探索走出一条具有中国特色、符合民族地区特点、体现各族人民意愿的团结发展道路。

参考文献：

[1] 郝时远. 习近平新时代中国特色社会主义思想与民族工作 [J]. 民族研究，2017（4）.

[2] 郝时远. 中国特色解决民族问题之路 [M]. 北京：中国社会科学出版社，2016.

[3] 金炳镐. 党的十八大以来习近平"中华民族"思想初探 [N]. 中国民族报，2017-02-17.

[4] 闵轩. 推动各民族优秀文化繁荣发展，着力培养中华民族共同体意识 [N]. 中国民族报，2017-08-04.

[5] 马戎. 中华文明的基本特质 [J]. 学术月刊，2018（1）.

[6] 王希恩. 增强文化认同是民族团结之本 [N]. 中国民族报，2017-08-25.

[7] 中央宣传部. 习近平总书记系列重要讲话读本（2016年版）[M]. 北京：人民出版社，2016.

第六章　科技进步与民族地区发展

马金生　文　晖[*]

党的十九大报告提出建设"创新型国家"的伟大号召,指出创新是引领发展的第一动力,是建设现代化经济体系的战略支撑。十九大报告强调,要瞄准世界科技前沿,强化基础研究,实现前瞻性基础研究,引领性原创成果重大突破。加强应用基础研究,拓展实施国家重大科技项目,突出关键共性技术、前沿引领技术、现代工程技术、颠覆性技术创新,为建设科技强国、质量强国、航天强国、网络强国、交通强国、数字中国、智慧社会提供有力支撑。加强国家创新体系建设,强化战略科技力量。深化科技体制改革,建立以企业为主体、市场为导向、产学研深度融合的技术创新体系,加强对中小企业创新的支持,促进科技成果转化。倡导创新文化,强化知识产权创造、保护、运用。培养造就一大批具有国际水平的战略科技人才、科技领军人才、青年科技人才和高水平创新团队。

一年来,在建设创新型国家的时代号召下,民族地区的科技发展面临着难得的历史机遇,也取得了不俗的科研成绩。当然,由于历史和现实的诸多原因,民族地区科技的发展也面临着一些瓶颈性问题。本章主要以5个少数民族自治区(内蒙古、宁夏、新疆、广西、西藏)和少数民族人口较多且占比较大的

---

[*] 马金生,中央民族大学中国少数民族研究中心、少数民族事业发展协同创新中心副教授;文晖,中央民族大学中国少数民族研究中心、少数民族事业发展协同创新中心讲师。

3个省（贵州、云南、青海）为代表，总结 2017 年来少数民族地区科技进步与民族发展工作上所取得的成绩，梳理民族地区科技发展中存在的问题，并总结学界对解决此问题的对策与建议。

第一节 民族地区科技发展取得的成绩

2017 年，民族地区科技工作深入贯彻新发展理念，全面落实创新驱动发展战略，贯彻落实国家在知识产权保障等方面的政策，取得一系列突破性进展，呈现出崭新的气象。

一、进一步强化顶层设计，系统规划科技创新战略

推动科技发展离不开体制机制的改革创新。一年以来，一些民族地区通过加强顶层设计，规划科技创新战略，在创新机制、推动试验区建设上成绩比较突出。其中，尤以新疆为典型。

为建立一体化配置科技资源的新机制新模式，加强跨部门、跨行业、跨区域协同创新，新疆维吾尔自治区政府对科技计划体系进行优化重组，形成"5+1"模式的 10 个计划体系和基金格局。包含自治区重大科技专项、自治区重点研发专项、自治区科技成果转化示范专项（自治区科技攻坚脱贫计划、科技兴新计划、创新创业大赛奖励计划）、自治区创新环境（人才、基地）建设专项（自治区基础研究与软科学计划、创新基地（平台）建设计划、天山创新团队支持计划）、自治区区域协同创新专项（上合组织科技伙伴计划、科技援疆计划）和科技成果转化引导基金。新疆科技计划体系的改革，有利于解决长期以来存在的科技资源碎片化和科研项目聚焦不够的问题，使自治区科技计划更加聚焦目标、更加符合科技创新的规律、更加高效配置创新资源、更加强化科技与经济的紧密结合，最大限度地激发科研人员的创新热情。[1]

---

[1] 我区深入开展科技计划体系改革 [EB/OL]．（2017-02-10）．新疆维吾尔自治区科技厅网．http://www.xjkjt.gov.cn/xjzzqkjt/xwzx/kjtgz/2017/883666.htm.

为进一步推动科技创新战略，2017年11月底，科技部、国家发改委联合印发文件，批复新疆开展丝绸之路经济带核心区创新驱动发展试验。文件指出，新疆创新试验将坚持引进来和走出去并重，遵循共商共建共享原则，持续提升自主创新能力，促进与"一带一路"沿线国家国际合作，打造丝绸之路经济带创新引领示范区、科技成果转化示范区和面向中亚西亚的协同创新平台。新疆创新试验将以深化科技体制改革为动力，建立健全科技创新为核心的全面创新体制机制，着力破解制约新疆创新驱动发展的体制机制障碍，探索科技成功向新疆有序转移的利益分享机制和合作共赢模式。依托乌鲁木齐、昌吉、石河子等国家高新技术产业开发区创建国家自主创新示范区，打造新疆创新试验的核心载体。加强开放创新合作，与"一带一路"沿线国家共建技术转移中心、创新合作中心及技术转移协作网络，开展多种形式的国际转移活动，建立常态化的交流机制。[①]

二、强化体制改革，科技创新环境进一步优化

2016年，国务院办公厅印发《国务院关于新形势下加快知识产权强国建设的若干意见》。该意见印发后，全国各省、市纷纷出台了相应的实施方案。民族地区也不例外。

比如，宁夏回族自治区出台《宁夏回族自治区贯彻落实〈国务院关于新形势下加快知识产权强国建设的若干意见〉的实施方案》，以培育具有行业领先优势的知识产权强企为目标，为知识产权强区奠定基础，提出了五年发展目标，尤其要在能源化工、装备制造、生物医药、现代农业、清真食品和穆斯林用品等优势特色产业领域进一步提升知识产权创造能力。同时，为加快实施创新驱动发展战略，宁夏回族自治区出台了《宁夏回族自治区国家自然科学基金项目结题人员奖励暂行办法》，为宁夏地区高层次人才创新创业、吸引和凝聚创新思想活跃的科技人才开展研究起到鼓舞作用。

---

① 科技部、国家发改委批复支持新疆开展丝绸之路经济带核心区创新驱动发展试验[N]. 新疆日报，2017-12-01.

新疆维吾尔自治区人民政府紧密结合全区经济社会发展特点和优势特色产业发展状况，紧扣全区创新驱动发展战略定位和实际情况，同样印发了《关于落实〈国务院关于新形势下加快知识产权强国建设若干意见〉的实施意见》（以下简称《实施意见》）。《实施意见》从推进知识产权管理体制机制改革、实行严格的知识产权保护、促进知识产权创造运用、强化知识产权合作、加强组织实施和政策保障5个方面提出了43项具体任务措施，共涉及39个相关部门。《实施意见》为提升新疆全区知识产权创造、运用、保护、管理和服务能力，推动创新驱动发展战略顺利实施提供有力支撑。

此外，为全面推进丝绸之路经济带创新驱动发展试验区建设，新疆维吾尔自治区人民政府于2017年12月正式发布《关于推进丝绸之路经济带创新驱动发展试验区建设若干政策意见》（以下简称"新疆十八条"）和《实行以增加知识价值为导向分配政策的实施意见》（以下简称"新疆十一条"）。"新疆十八条"旨在破解企业创新过程中的融资、设备、研发等"短板"问题，提出加大创新投入力度、支持创新平台建设等一系列举措。为了让科研人员有良好的科研环境，还提出了落实以增加知识价值为导向的分配政策、激励加科技成果转化等系列举措。"新疆十一条"则紧密围绕落实"新疆十八条"的配套政策而展开，提出了灵活而具体的旨在调动科研人员创新积极性和活力的政策方法。①

三、加大成果转化力度，激励知识产权创造创新

2017年，民族八省区积极探索促进科技成果转化、激励知识产权创造的新举措、新路径，取得了良好成效。

2017年全国科技工作会议要求坚持精准扶贫、智力扶贫、创业扶贫、协同扶贫，统筹推进行业扶贫、片区扶贫、定点扶贫。围绕贫困地区特色主导产业，推动新品种、新技术、新成果的引进、集成、示范。实施科技特派员创业扶贫专项行动，逐步实现贫困村科技特派员全覆盖；加强秦巴山片区三大中心

---

① 袁蕾. 我区出台两《意见》推进丝绸之路经济带创新驱动发展试验区建设[N]. 新疆日报，2017-12-25。

城市科技需求的对接支持；推动定点扶贫县科技创新体系建设。加强科技扶贫工作的组织领导和资金保障，发挥国家农业科技园区在扶贫开发中的作用，形成科技扶贫大格局。①

2017年，宁夏回族自治区科技厅采取多种举措加大科技成果转化力度，通过充分调动各技术主体的积极性和能动性，促进技术成果交易。与此同时，与各主要高校、科研院所建立技术转移成果转化联动机制，推动网上技术市场信息资源共享共用，壮大技术市场发展规模，有力促进了技术成果转移转化。截至2017年12月25日，宁夏回族自治区登记技术合同948份，实现合同交易额7.29亿元，同比增长37.65%，其中技术交易7.15亿元，同比增长38.28%。② 由于全区对科技综合创新的重视，宁夏区域创新综合能力全国排名连续3年上升8位，"表现抢眼"。③

为落实科技成果转化政策，新疆维吾尔自治区政府举办了落实科技成果转化政策现场交流推进会。会议目的在于总结全区科技成果转化工作经验，落实政策，交流典型经验，进一步探索和完善科技成果转化转移政策的思路。会议的召开对全区提高科技成果转化率、激发科研人员研发出更适合实体经济发展高科技成果具有推动作用。

2017年11月3日，青海科易网平台发布会暨科技成果转移转化创新服务论坛在青海召开。科技网平台主要由"一店、一区、六大中心"组成，即"专利微店""科技公共服务专区""科技资源中心、对接活动中心、技术评估中心、技术交易中心、数据统计中心、政策应用中心"，可实现在线发布、在线评估、在线对接、在线交易、政策运用等技术交易全流程服务。平台现有注册会员数200多个，访问量突破了4万多次。聚集了科技成果、专利4200多项，技术专家2700多位，大学院所237家，服务提供总数1000多次，签约合同198份，

---

① 打造区域创新高地，推动区域协同创新发展[EB/OL]（2017-01-10）.http://www.most.gov.cn/ztzl/qgkjgzhy/2017/2017zw2017/201701/t20170110_130394.htm.
② 宁夏技术合同交易额突破7亿元[EB/OL].（2017-12-25）.http://www.nxkjt.gov.cn/kjdt/gzdt%20/9313.htm.
③ 宁夏区域创新综合能力排名连续3年提升8位[EB/OL].（2017-11-29）.http://www.nxkjt.gov.cn/kjdt/gzdt%20/9063.htm.

合同金额达 5.78 亿元。①

2017 年，云南全省技术合同成交额为 84.99 亿元，同比增长 45.61%；技术合同成交数达 3504 项，同比增长 34.25%，技术合同成交数和技术交易额实现大幅度增长，技术合同成交额突破 80 亿元，技术交易规模再创历史新高。其中，涉及知识产权的技术合同成交额增长迅速，占比提高，涉及知识产权的技术合同成交数为 1505 项、成交金额达 38.56 亿元，成交金额占全省技术合同成交总额的 45.37%、同比增长 25.73%。②

2017 年 1—11 月，贵州省专利申请总量为 31658 件，同比增长 48.2%，年度专利申请首次突破了 3 万件大关，其中发明专利为 12 872 件，同比增长 42.7%。同时，贵州全省专利授权总量为 10 867 件，同比增长 13.3%；每万人发明专利拥有量从去年末的 1.99 件增长到 2.35 件，继续保持了稳步增长的态势。另据统计，自 1985 年实施《专利法》以来，贵州省年度专利申请直到 2002 年才首次突破 1000 件关口，整整用了 18 年时间；从 1000 件到 10 000 件大关，用了 10 年时间（2012 年）；从 10 000 件到 20 000 件再到 30 000 件，分别只用了 2 年（2014 年）和 3 年（2017 年）。这表明科技创新能力和知识产权意识在不断提高，同时专利布局的步伐也得到了明显加快。③

同样，2017 年，内蒙古自治区的专利发明也飞速增长。截至 2017 年 11 月底，全区专利申请量 10 638 件，同比增长 18.29%，其中发明专利 2573 件，同比增长 15.80%，实用新型专利 6798 件，同比增长 22.00%；外观设计专利 1267 件，同比增长 5.67%。截至 2017 年 11 月底，全区专利授权量 5321 件，其中发明专利 745 件；实用新型专利 3736 件；外观设计专利 840 件。④

---

① 青海科易网平台发布会暨科技成果转移转化创新服务论坛在西宁举行 [EB/OL].（2017-11-08）. http://www.qhkj.gov.cn/content-96-10937-1.html.
② 2017 年云南省技术合同成交额突破 80 亿 [EB/OL].（2018-01-05）. http://www.ynstc.gov.cn/kjxx/20180105 0009.htm.
③ 我省年度专利申请首次达到 3 万件 [EB/OL].（2017-12-28）. http://kjt.gzst.gov.cn/xwzx/dtyw/201801/t2018 0124_2956055.html.
④ 内蒙古自治区 2017 年 11 月专利统计情况出炉 [EB/OL].（2017-12-27）. http://www.nmkjt.gov.cn/kjtnews/nmkjtlist.asp?tbid=31433&tdid=334.

四、"大众创业、万众创新"快速发展，成效显著

自"大众创业、万众创新"成为中国的国家战略之后，从中央到地方陆续出台一系列优惠政策支持创业创新，掀起了一股创业创新的风潮，民族地区也多措并举，成效显著。

云南省人民政府发布了《关于推进大众创业万众创新政策措施的实施意见》，通过进一步简政放权、放管结合、优化服务，增强创业创新制度供给，降低创业创新门槛，完善扶持政策和激励措施，营造均等普惠环境。加快推进大众创业万众创新，全省众创空间面积达20余万平方米，服务创业团队1100余个，服务的团队和企业获得投资累计超过1亿元。[①]

为在更大范围、更高层次、更深程度上推进大众创业万众创新，内蒙古自治区人民政府办公厅印发了《关于公布自治区首批大众创业万众创新示范基地的通知》（内政办发〔2017〕188号），认定首批10个自治区级双创示范基地，包括鄂尔多斯市伊金霍洛旗天骄众创园、呼和浩特市新城区创新创业示范基地、鄂尔多斯启迪创业服务中心、赤峰市万达创业孵化基地和巴彦淖尔市临河区双创示范基地5个区域示范基地，内蒙古大学、内蒙古民族大学2个高校和科研院所示范基地，以及乌海市网讯信息科技股份有限公司、内蒙古阿拉善苁蓉集团有限责任公司和包头东宝生物技术股份有限公司3个企业示范基地。[②]

新疆维吾尔自治区政府多方面加大高新技术企业培育力度，取得显著成效。2017年年底，科技部火炬高技术产业开发中心下文批复新疆136家企业通过高新技术审核备案。由此，新疆有效高新技术企业数量达到540家，首次突破500大关。按地域划分，乌鲁木齐283家、昌吉88家、克拉玛依45家、巴州17家、伊犁16家、哈密9家、喀什9家、和田7家、博州7家、塔城6家、阿克苏5家、阿勒泰5家、吐鲁番3家、克州3家；建设兵团37家，主要集中在石河子、五家渠、阿拉尔。按行业领域划分，生物与新医药117家、电子信息112家、

---

① 季征，施铭. 全省科技工作会议强调 不断提高科技创新支撑引领能力 [N]. 云南日报，2017-02-16.
② 内蒙古自治区首批大众创业万众创新示范基地公布 [Z].（2018-01-11）. http://www.nmkjt.gov.cn/kjtnews/nmkjtlist.asp?tbid=31554&tdid=334.

新材料 95 家、先进制造与自动化 71 家、高技术服务 61 家、资源与环境 57 家、新能源与节能 26 家、航空航天 1 家。其中,年销售收入 1 亿以上的企业超过 90 家、10 亿以上的企业 20 余家,高新技术企业中上市企业已超过 40 家。①

五、重视人才队伍建设,持续壮大科技人才队伍

2017 年,少数民族地区持续加大了对科技人才的支持力度,特别是推行了边远贫困地区、边疆民族地区和革命老区人才支持计划、科技人员专项计划。一年来,在科技队伍成长上,有了不错的成绩。特别是部分民族省份,在国家级人才的培育和评选中,有了新的突破。

在第三批国家"万人计划"领军人才评选活动中,云南省共有 18 名科研工作者入围。其中,5 人入围"科技创新领军人才"人选,13 人入围"科技创业领军人才"人选。入围人数,创近年以来云南省入围国家"万人计划"领军人才人选新高。②

同是在第三批国家"万人计划"领军人才评选活动中,内蒙古自治区共有 10 人入选。其中,科技创新领军人才 1 人,科技创业领军人才 6 人,哲学社会科学领军人才 2 人,教学名师 1 人。至此,内蒙古自治区已有 24 人进入"万人计划"。③

为了加大科技人才培养力度,青海省人民政府与中科院建立持续合作机制,组织实施"西部之光"人才培养计划 12 项,在中科院大学成功举办"青海省'三区'人才现代农牧业经营与科技管理"培训班,面向全省科技管理系统,借助中科院大学科研实力,加强青海省"三区"人才队伍建设,提升全省科技管理人员能力水平。④

---

① 新疆国家高新技术企业数量突破 500 大关 [EB/OL]. (2017-12-18). http://www.xjkjt.gov.cn/xjzzqkjt/xwzx/kjtgz/2017/1432620.htm.
② 第三批国家"万人计划"领军人才人选公示我省 18 名科研工作者入围 [EB/OL]. (2018-01-03). http://www.ynstc.gov.cn/kjxx/201801030003.htm.
③ 第三批国家万人计划领军人才人选出炉!我区 10 人入选 [EB/OL]. (2018-01-16). http://www.nmkjt.gov.cn/kjtnews/nmkjtlist.asp?tbid=31577&tdid=334.
② 2017 年青海省科技合作亮点纷呈 [EB/OL]. (2017-12-21). http://www.innofund.gov.cn/kjb/dfdt/201712/43984451a220462398dac4612c591300.shtml.

六、科技产业创新持续发展，科技进步惠及民生

通过科技产业创新，推动民族地区社会发展，以科技成果惠及民生，提升民族地区民众的收入和生活水平，是民族地区科技进步的一个重要目标。在2017年，民族地区加快科技产业创新驱动，多项民生科技成果取得突破。

新疆着力发展马产业研究技术创新。2017年12月4日，新疆维吾尔自治区政府"十三五"重大科技专项"马产业升级技术创新工程"正式启动，项目总投资9050万元。该项目是自治区政府有史以来投资金额最大的一个重大科技专项项目。新疆自古以来就是传统的养马大区，近年来马匹存栏量稳居全国第一。该项目的实施，以产业转型升级和提质增效为目标，同时对于早日实现全区的脱贫攻坚也将起到促进作用。①

2017年，宁夏回族自治区继续组织实施科技惠民计划、"三区"（边远贫困地区、边疆民族地区和革命老区）人才计划等专项，成效显著。截至2017年3月，宁夏"三区"人才工作围绕受援地主导产业，累计为贫困村引进玉米、马铃薯、小杂粮、中药材、花卉、苗木、牛羊等新品种360多个，建立新品种新技术示范推广基地近200个，推广风光互补节水灌溉、秋覆膜玉米种植多功能机械等新技术、新设备、新模式290多项，领办、创办农村合作社105个，引进企业8家，成立家庭农场14家，建设农村电商平台5个，农产品交易市场2个，培养科技示范户3000多户，培训农民6.5万余人次，发放技术培训资料9万余份，争取其他部门扶贫项目资金3000多万元。②

2017年，西藏积极争取国家科技援藏专项资金，用于支持西藏自治区高海拔边境地区农牧业关键技术研究与示范项目。通过科技项目重点支持边境高海拔深度贫困地区青稞、牦牛、饲草、藏系羊、特色作物等关键技术应用研究与示范，促进地方支柱产业转型，解决制约经济社会可持续发展的技术瓶颈，

---

③ 我区马产业研究技术全国领先[EB/OL].（2017-12-08）.http：//www.xjkjt.gov.cn/xjzzqkjt/xwzx/kjtgz/2017/ 1420949.htm.

② 宁夏"三区"人才支持计划取得显著成效[EB/OL].（2017-03-02）.http：//www.nxkjt.gov.cn/kjdt/gzdt%20/6685.htm.

为突破边境地区特色产业关键技术提供强有力的科技支撑。通过整合科技经费、项目支持、人才建设，西藏已落实经费3.01826亿元。其中整合各类科研资金1.57亿元，积极发挥科技精准扶贫的作用。①

七、强化科技交流，内外合作进一步深化

青海省加强国际合作与交流，成功争取到"2017年度中日青年科技交流计划项目"和日本科技振兴机构全额资助经费约80万元，组织青海省青年科技管理及科研人员赴日访问，推动青海省高校、科研机构和相关地方与日本在特色领域的交流与合作。同时，推荐青海大学"中国新西兰高原生态修复国际科技合作基地"为青海省2017年度国家国际科技合作基地。②

为推进新疆与乌克兰、白俄罗斯的科技合作与交流，新疆维吾尔自治区科技厅与新疆科技发展战略研究院先后赴乌克兰、白俄罗斯进行"一带一路"科技交流与合作洽谈。相关出访活动对于积极推动新疆与中亚国家开展科技合作和交流，并以此为窗口为双方在经济贸易、科学研究，以及社会发展等领域的进一步务实合作奠定了基础。③

云南省成功举办了"东盟科技企业孵化器建设国际培训班"。培训班旨在帮助东盟国家培养一批熟悉科技企业孵化器建设、运营管理以及科技型中小企业创新发展的专业化人才及创业导师队伍，共同搭建中国与东盟各国开展科技交流、合作的载体和促进科技型企业孵化、培养的基地，挖掘中国与东盟各国企业的合作需求，推动中国与相关各国之间科技创新能力的提升。缅甸、泰国、老挝、越南、马来西亚、新加坡六个国家的政府部门、科研院所、大专院校、科技企业、科技园区分别派遣学员参加了此次培训班。④

---

① 西藏自治区：科技助力精准扶贫[EB/OL].（2017–11–30）.http://www.nmkjt.gov.cn/kjtnews/nmkjtlist.asp?tbid=31240&tdid=334.
② 2017年青海省科技合作亮点纷呈[EB/OL].（2017–12–21）.http://www.innofund.gov.cn/kjb/dfdt/201712/43984451a220462398dac4612c591300.shtml.
③ 自治区科技厅代表团赴白俄罗斯开展"一带一路"科技合作与交流活动[EB/OL].（2017–07–17）.http://www.xjkjt.gov.cn/xjzzqkjt/xwzx/kjtgz/2017/1137737.htm.
④ 东盟科技企业孵化器建设国际培训班在昆明成功举办[EB/OL].（2017–08–04）.http://www.ynstc.gov.cn/kjxx/201708040004.htm.

第二节 民族地区科技发展中存在的问题

一、数据分析

科技进步不仅指科技活动水平的提升,还包括科技促进经济社会发展作用的增强,是科技实力、竞争能力、研发能力、创新能力在经济社会发展中的集中体现。要对民族地区科技进步水平和自主创新能力做出切合实际的评价,最客观而科学的方法就是引进定量指标,其中,综合科技进步水平指数最能揭示近年来民族地方科技发展的整体水平、基本走向和内在规律。[①]本节在对2012—2016年民族地区科技进步统计监测结果的评价与比较分析的基础上,分析了民族地区科技进步与创新所面临的主要制约因素,以便于我们对民族地区科技发展进步状况有一个全面客观的认识。

(一)科技投入与研发经费稳中有升,但依然相对短缺

科学研究与试验发展(research and development,英文缩写为R&D)包括基础研究、应用研究和试验发展三类活动。一般来说,R&D经费支出及其占国内生产总值的比例,是国际上通用的衡量一个国家或地区科技活动规模、科技投入水平和科技创新能力的主要指标,也是体现一个国家或地区经济发展方式的重要内容。研究与试验发展(R&D)经费支出指统计年度内全社会实际用于基础研究、应用研究和试验发展的经费支出(见表6-1)。

表6-1 2016年各地区研究与试验发展(R&D)经费支出情况

地区	R&D经费支出(亿元)	R&D经费投入强度(%)
全国	15 676.7	2.11

[①] 综合科技进步水平是反映一个国家或地区科技资源总量和科技创新基础能力的主要指标。作为综合科技进步水平指数的支撑,科技进步监测体系设有五个一级指标,即科技进步环境指数、科技活动投入指数、科技活动产出指数、高新技术产业化指数和科技促进经济社会发展指数。每个一级指标分别由下设的2~3个二级指标加权综合而成。

续表

地区	R&D 经费支出（亿元）	R&D 经费投入强度（%）
北京	1 484.6	5.96
天津	537.3	3.00
河北	383.4	1.20
山西	132.6	1.03
内蒙古	147.5	0.79
辽宁	372.7	1.69
吉林	139.7	0.94
黑龙江	152.5	0.99
上海	1 049.3	3.82
江苏	2 026.9	2.66
浙江	1 130.6	2.43
安徽	475.1	1.97
福建	454.3	1.59
江西	207.3	1.13
山东	1 566.1	2.34
河南	494.2	1.23
湖北	600.0	1.86
湖南	468.8	1.50
广东	2 035.1	2.56
广西	117.7	0.65
海南	21.7	0.54
重庆	302.2	1.72
四川	561.4	1.72
贵州	73.4	0.63
云南	132.8	0.89

续表

地区	R&D 经费支出（亿元）	R&D 经费投入强度（%）
西藏	2.2	0.19
陕西	419.6	2.19
甘肃	87.0	1.22
青海	14.0	0.54
宁夏	29.9	0.95
新疆	56.6	0.59

资料来源：国家统计局、科学技术部、财政部于 2017 年 10 月 10 日发布的《2016 年全国科技经费投入统计公报》。其中 R&D 经费投入强度是指当年投入的 R&D 经费占国内生产总值的比重。

从横向比较，2016 年，全国共投入研究与试验发展（R&D）经费 15 676.7 亿元，比上年增加 1506.9 亿元，增长 10.6%。2016 年研究与试验发展（R&D）经费支出最多的 6 个省（市）为广东（占 13%）、江苏（占 12.9%）、山东（占 10%）、北京（占 9.5%）、浙江（占 7.2%）和上海（占 6.7%）。广东取代江苏跃居第一位外，其余四省份经费支出占比基本相同。该年度内蒙古、广西、云南、贵州、新疆、宁夏、青海、西藏等民族八省区的 R&D 经费支出排名分别为 20、24、22、26、27、28、30、31，依然排在末几位，与上一年基本相同；民族八省区的 R&D 经费支出加起来共有 574.1 亿元，虽然比上年的 505.9 亿元有所增加，但经费支出占比仍然太少，仅相当于广东省 2035.1 亿元的 28.2%，且 R&D 经费投入强度全部低于全国平均水平。

从纵向比较，2012 年至 2016 年，民族八省区的研究与试验发展（R&D）经费支出呈逐年上升趋势，分别从 2012 年的 381.9 亿元上升到 2016 年的 571.4 亿元，但与全国总支出增长量相比较，2012 年至 2016 年分别占全国总支出的 3.71%、3.67%、3.57%、3.57%、3.64%。即使与 R&D 经费支出最大的省份江苏省相比较，其经费支出也分别只占江苏省的 29.7%、29.2%、28.1%、28.1%、28.2%。同时，从近五年的研究与试验发展（R&D）经费投入强度（与地区生产总值之比）来看，民族八省区各自的经费投入强度基本保持在一个稳定的比率，但都没有突破 1。（见表 6-2 和表 6-3）。

表 6-2　研究与试验发展（R&D）经费支出　　　　　单位：亿元

区域	2012 年	2013 年	2014 年	2015 年	2016 年
内蒙古	101.4	117.2	122.1	136.1	147.5
广西	97.2	107.7	111.9	105.9	117.7
贵州	41.7	47.2	55.5	62.3	73.4
云南	68.8	79.8	85.9	109.4	132.8
西藏	1.8	2.3	2.4	3.1	2.2
青海	13.1	13.8	14.3	11.6	14
宁夏	18.2	20.9	23.9	25.5	29.9
新疆	39.7	45.5	49.2	52.0	56.6
民族八省区总计	381.9	434.4	465.2	505.9	571.4
全国总计	10 298.4	11 846.6	13 015.6	14 169.9	15 676.7

表 6-3　研究与试验发展（R&D）经费投入强度　　　　　单位：%

区域	2012 年	2013 年	2014 年	2015 年	2016 年
内蒙古	0.64	0.70	0.69	0.76	0.79
广西	0.75	0.75	0.71	0.63	0.65
贵州	0.61	0.59	0.60	0.59	0.63
云南	0.67	0.68	0.67	0.80	0.89
西藏	0.25	0.29	0.26	0.30	0.19
青海	0.69	0.65	0.62	0.48	0.54
宁夏	0.78	0.81	0.87	0.88	0.95
新疆	0.53	0.54	0.53	0.56	0.59
全国总计	1.98	2.08	2.05	2.07	2.11

（二）科技人才严重不足，人才流失局面未能改观

据《中国科技统计年鉴2017》统计数据显示，2016年全国共有研究与开发机构（R&D）3611个，其中，东部地区①共有1443个，占全国总机构数的40.0%；民族八省区的研发机构共581个，占全国总机构数的16.1%。与2015年相比，全国研发机构减少了39个，民族八省区增加了4个。2016年，全国研发人员共449 916人，其中东部地区共有243 779人，占全国数的54.2%，与上一年占比相同。民族八省区的研发人员为27 590人，虽然与2015年相比较增加了714人，数据表明一半以上的研发人员在东部地区，民族八省区的研发人员严重匮乏。

此外，从不同学历研发R&D人员的比例来看，2016年全国拥有博士学历的研发人员共79 026人，比2015年增加5610人，增长了7.6个百分点。其中东部地区拥有55 060人，比2015年增加了3941人，增长了7.7个百分点；民族八省区拥有3501人，比2015年增加了89人，增长了2.6个百分点。这说明民族八省区拥有博士学位的研发人员不仅在总数上不及东部地区，在增长率上也低于东部地区。从横向比较来看，东部地区拥有博士学位的研发人员占全国总数的69.7%，民族八省区只占总数的4.4%。

2016年，全国硕士毕业的研发人员共有155 942人，比2015年增长了6.6个百分点。其中，东部地区有86 202人，比2015年增长了6.6个百分点，占全国数的55.3%；民族八省区共有9049人，比2015年增长了6.1个百分点，占全国数的5.8%，与2015年占比持平。

2016年，全国本科毕业的研发人员共有146 110人，比2015年减少了2782人，减长了1.9%。其中，东部地区有72 697人，比2015年减少了214人，减少了0.3%，占全国数的49.8%。民族八省区共11 119人，比2015年增加了124人，增长了1.1%，占全国数的7.6%，与2014年相比占比略有升高。这说

---

① 按照《中国科技统计年鉴2017》的分类，东部地区主要包括北京、天津、河北、上海、江苏、浙江、福建、山东、广东和海南10省市。

明全国研发机构对本科毕业人员的需求量是最少的，但是民族八省区研发人员本科毕业人数的增长率远远高于东部地区。

从以上对研发机构和研发人员学历情况的对比分析可知：一方面，民族八省区的研发人员数量有了大幅增长，且高学历人员也在不断增加；另一方面，一半以上的研发人员集中在东部地区，民族八省区研发人员仍然严重不足。同时，从研发人员的学历来看，拥有博士学历和硕士学历的研发人员多集中在东中部地区，一些民族地区稀缺高端人才。如西藏拥有博士学历的仅18人，比2014年增加了3人；青海2015年拥有博士毕业研发人员230人，2016年增加了7人。贵州、云南两省都出现了拥有博士毕业研发人员的流失现象；广西、贵州、西藏、青海拥有的本科毕业研究人员均有流失现象（见表6-4和表6-5）。

表6-4　各地区研究与开发机构R&D人员

区域	机构数（个）		R&D人员合计（人）	
	2015年	2016年	2015年	2016年
东部地区	1 443	1 443	233 427	243 779
内蒙古	97	98	3 513	3 581
广西	120	118	5 250	5 167
贵州	81	82	3 451	3 349
云南	110	114	8 289	8 865
西藏	17	17	554	511
青海	23	25	894	906
宁夏	21	21	626	662
新疆	108	106	4 299	4 549
民族八省区总计	577	581	26 876	27 590
全国总计	3 650	3 611	436 284	449 916

表 6-5　各地区不同学历 R&D 人员

区域	不同学历 R&D 人员（人）					
	博士学历		硕士学历		本科学历	
	2015 年	2016 年	2015 年	2016 年	2015 年	2016 年
东部地区	51 119	55 060	80 901	86 202	72 911	72 697
内蒙古	253	313	1 026	1 110	1 528	1 707
广西	404	422	1 799	1 815	2 188	2 069
贵州	517	501	893	995	1 556	1 472
云南	1 256	1 211	2 530	2 700	3 434	3 476
西藏	15	18	137	161	221	219
青海	230	237	264	289	273	258
宁夏	26	40	277	280	216	251
新疆	711	759	1 606	1 699	1 579	1 667
民族八省区总计	3 412	3 501	8 532	9 049	10 995	11 119
全国总计	73 416	79 026	146 329	155 942	148 892	146 110

（三）科技成果转化程度加快，但仍相对落后

技术市场是科技资源优化配置、加速知识流动和技术转移的服务载体，技术合同成交情况是反映一个地区的科技成果转化情况的重要指标。据科学技术部火炬高技术产业开发中心发布的全国技术合同交易情况数据显示，2017 年全国共成交技术合同 367 586 项，成交金额为 13 424.22 亿元，分别比上年增长了 14.7% 和 17.7%。其中，北京共成交 81 266 项，成交额为 4485.33 亿元，分别比上年增长了 8.4% 和 13.8%。民族八省区共成交 11 654 项，成交额为 310.84 亿元，分别比上年增长了 33.7% 和 59.2%，这说明民族八省区的技术合同交易项数有了大幅度增长，交易额增长迅速。此外，民族八省区的技术合同成交项和成交额分别只占全国的 3.2% 和全国成交额的 2.3%，占北京的 14.3% 和成交额的 6.9%。

由此可见，民族地区科技成果转化程度不高，特别是与发达地区相比差距

还非常大。由于科技成果转化带有显著的地域性,长期来发达城市对外开放力度较大,在吸纳国际领先水平技术方面具有绝对优势,同时享有国家较多的税收优惠政策,因此科技成果转化能力明显强于民族地区,民族地区的科技成果转化动力明显不足(见表6-6)。

表6-6 2016年、2017年全国技术合同交易情况对比表

区域	项数		成交额(亿元)		技术交易额(亿元)		排名	
	2016年	2017年	2016年	2017年	2016年	2017年	2016年	2017年
北 京	74 965	81 266	3 940.80	4 485.33	2 919.26	3 703.92	1	1
内蒙古	611	685	13.8	21.74	7.78	12.58	27	27
广 西	1 832	2 037	34.14	39.41	19.24	21.32	25	26
贵 州	980	2 957	22.39	83.84	21.39	61.05	26	23
云 南	2 610	3 504	58.37	84.99	28.07	52.56	22	22
西 藏	/	3		0.04		0.04		
青 海	986	1 016	56.92	67.72	13.78	14.44	23	25
宁 夏	992	984	5.30	7.34	5.17	7.20	28	28
新 疆	705	468	4.28	5.76	4.13	5.67	29	29
民族八省区总计	8 716	11 654	195.20	310.84	99.56	174.86		
全国总计	320 437	367 586	11 406.98	13 424.22	8 485.73	10 456.46		

注:数据来源于科学技术部火炬高技术产业开发中心公布数据《关于印发2016年度全国技术市场合同交易情况的通知》及《关于公布2017年度全国技术合同交易数据的通知》。

二、学界探讨

(一)科技体制机制改革滞后,配套政策尚不完善

打赢脱贫攻坚战是党中央着眼全局作出的重大战略部署。《中共中央国务院关于打赢脱贫攻坚战的决定》对科技扶贫工作提出了任务要求,要求加快实用技术推广,加大向贫困地区的智力支持及完善科技推广服务体系。周华强、

冯文帅等人通过研究发现，现阶段中国扶贫开发工作着重解决贫困地区"生活好"的问题，科技助推"造血式"产业扶贫面临供给侧改革、创新创业、科技体制改革、"互联网+"和国家五大发展新理念等利好政策机遇，但是现有科技扶贫项目管理制度与之不相适应，改革已刻不容缓。[1]

胡丽娜、薛阳梳理了 2006—2016 年内蒙古制定实施的科技创新政策，将相关政策分为供给政策、环境政策和需求政策三类。发现内蒙古科技创新政策主要以对科技创新活动具有直接推动作用的政策为主，具有间接效应的政策数量较少，各类政策工具缺乏协调一致性。此外，内蒙古科技创新环境政策主要以策略措施政策和目标规划政策为主，法规管制政策和税收金融政策相对较少，尤其是税收金融政策尚处于起步阶段。在需求政策上，内蒙古实施的大多数政府采购政策都由国家相关部门制定，结合内蒙古具体实际情况专门制定的政府采购政策则少之又少，科技创新政策体系有待优化。[2]

（二）科技资源配置强度低，地区分配不均衡

科技资源投入与配置不强，一直是影响民族地区经济社会发展的重要因素。围绕这一问题，一些学者通过扎实的实证、个案研究提出了相关建议。

冀梦甽通过对青海省科技资源的配置研究，指出青海民族地区无论是 R&D 经费支出、地方财政科技拨款，还是科技人力资源、科研活动单位分布及合作都存在极不平衡的现象。这样的科技资源配置，不利于青海民族地区经济的均衡发展，而且由于省内区域差异过重，还可能会引起地区经济发展的不均衡，从而导致各地区出现较大的发展差距。通过比较，冀梦甽甚至发现青海省在民族八省区中存在发展水平与科技基础"双低"现象，科技资源的"短板"更短，应当引起高度重视。[3]

许晓永等通过对欠发达地区科技金融支持体系研究，认为欠发达地区由于存在严重信息不对称与激励不相容问题导致金融市场失灵，从而使科技企业融

---

[1] 周华强,冯文帅,刘长柱,等.科技扶贫项目管理创新研究：理念与实践[J].科技管理研究,2017(4).
[2] 胡丽娜，薛阳．内蒙古科技创新政策体系优化研究[J]．北方经济，2017（7）.
[3] 冀梦甽．民族地区科技资源配置探析——以青海省为例[J]．青海民族研究，2017（1）．

资渠道单一且存在创新不足、产业集中度差、资金投入不足等缺点,难以吸收营利性组织进行投资,由此导致相关民族地区科技资源配置强度低、科技创新能力低下。这种状况,亟待通过创新科技金融支持体系予以解决。①

(三)科研人才缺乏依然是制约民族地区创新驱动战略的"短板"

王琳对内蒙古科技创新现状进行了专题研究,认为由于自然环境、区位条件、经济发展基础、科研条件等多方面制约,导致内蒙古全区人才培养载体建设水平相对较低,高层次创新人才匮乏,高水平科研团队和领军人才短缺,专业技术人员结构不合理。人才引进政策不系统、不配套,吸引力不强,在引进高端人才方面作用发挥不明显。此外,人才评价使用激励机制也不够完善,人才流失问题仍然十分突出。缺乏高层次科技领军人才和团队,已经成为内蒙古实施创新驱动战略的一个短板。②

程建鹏通过对宁夏科技改革发展和创新研究,指出创新型人才成长集聚的良好环境还没有形成,高层次创新人才短缺制约着宁夏科技创新能力的提升。宁夏高层次科技人才诸如国家有突出贡献的中青年专家、全国杰出专业技术人才严重稀缺。同时,企业科研骨干流失严重、接续乏力。③

张戈通过对新疆科技创新人才资源开发现状的调查研究,指出新疆科技创新人才队伍建设面临总量偏少、高层次人才匮乏、结构不合理、成长环境不够完善等问题。对于新疆创新驱动战略来说,高层次人才的缺失是一个非常重要的影响因素。④

(四)科技成果与经济结合度不高,科技合作深度不够

程建鹏通过对宁夏科技改革发展现状研究,发现宁夏科技创新和经济发展规划不同步,市场配置科技资源机制不完善、作用发挥不充分,科技成果数量少、质量不高,科技成果转化渠道少,产、学、研协同创新的层次低、深度浅,

---

① 许晓永,等.浅议欠发达地区科技金融体系[J].知识经济,2017(11).
② 王琳.内蒙古科技创新现状、问题及对策研究[J].内蒙古统计,2017(2).
③ 程建鹏.宁夏科技改革发展与创新研究[J].中国经贸导刊,2017(32).
④ 张戈.新疆科技创新人才资源开发现状及对策研究[J].中国科技资源导刊,2017(3).

科技与经济"两张皮"现象依然存在。①

在另一篇关于宁夏科技与文化产业融合发展现状的研究中，程建鹏指出，文化部门更关注各类文化基地建设和保护，在科技项目的策划上相对欠缺。科技部门偏重于技术研发支持，对科技与文化融合发展关注不足，文化科技融合稳定性缺乏保障，导致文化和科技的融合长期处于自发状态，水平偏低。此外，在现实研究中能够自觉将文化与科技深度融合的复合型高端人才更是极端缺乏。由此，文化和科技的壁垒成了制约文化科技融合进程并弱化文化创新驱动力的最终关键。②

罗明、江宇通过对西藏2006—2013年的科技创新能力的跟踪分析，指出西藏科技创新能力严重不足，这主要体现在知识创造能力较低、知识流动能力较差、企业技术创新活力不够、科技创新环境欠佳，以及科技创新的经济效益偏低等方面。罗明、江宇通过对相关数据研究指出，8年间，西藏科技创新所带来的经济效益一直在个位数上徘徊。③

（五）民族地区科技智库建设薄弱，创新能力偏低

自从党的十八大以来，党中央高度重视智库建设，科技智库发展也进入了"黄金时期"。作为中国特色新型智库的重要组成部分，科技智库在提升国家软实力、破解改革发展难题、推进科技决策制度化中具有十分重要和独特的作用。然而，由于起步较晚，民族地区的科技智库建设依然相对滞后。王伟苗、童传贵以贵州科技智库为例撰文指出，目前贵州科技智库共有73个，主要分布在高校领域、科研院所领域、大众型国有企业，以及科协系统领域四大领域。尽管贵州科技智库数量不少，但在建设上存在着基础薄弱、质量总体不高、分布不均、平衡发展不足及协同创新不够等突出问题，由此导致科技智库对贵州地区社会发展所起到的支撑和推动作用依然很有限。④

---

① 程建鹏.宁夏科技改革发展与创新研究[J].中国经贸导刊，2017（32）．
② 程建鹏，张静.宁夏科技与文化产业融合发展现状及路径选择[J].宁夏社会科学，2017．
③ 罗明，江宇.西藏科技创新能力评价研究[J].科技资讯，2017（6）．
④ 王伟苗，童传贵.贵州科技智库发展现状及对策研究[J].云南科技管理，2017（6）．

第三节 促进民族地区科技进步的对策与建议

科技进步为民族地区的发展提供源源不断的动力。2017年，是推进供给侧结构性改革的深化之年，还是实施"十三五"规划的重要一年，应大力推动民族地区科技进步，促进民族地区发展。2017年，有关学者围绕科技进步与民族发展问题进行了相关研究，其主要建议如下。

一、深化体制机制改革，不断推动科技政策创新

党的十八大以来，精准扶贫与"大众创业、万众创新"成为党和国家政府部门推进经济社会改革发展的重要战略支点，在贫困地区开展创新创业也成为社会关注的焦点。郭强在审视贫困地区科技创业的特征与内涵的基础上提出，贫困地区科技创业的视线，就是要将贫困地区要素资源与环境资源耦合，在资源间的相互有效控制的基础上完成创业活动的机会识别过程、机会开发过程和创业结果三个过程，并在此过程中形成一套完善的动力机制、决策机制、激励机制、管理机制和保障机制。⑤

在科技扶贫项目管理制度的创新上，周华强、冯文帅等认为，"造产业、造人才、造服务、造机制"是科技扶贫工作的着力点，科技扶贫项目应树立"简化流程、方便基层、以人为本、注重绩效"的管理新理念，并应构建以项目分类管理、定向转移支持、经费科目"一提二放三增三减"为核心的管理新制度；提高间接费用中的绩效支出比例，放开劳务费和设备费使用范围，增加基础设施维修改造费、新技术新品种引进费、租车费，取消出版文献费、国际合作费、燃料动力费。新制度框架符合国家科技体制改革的整体取向，对全国科技扶贫实践提供参考。⑥

也有学者通过对具体民族省份的研究，提出深化科技管理体制机制改革的建议。如张晓琴结合宁夏的科技管理体制现状，认为下一步应从充分发挥宁夏

---

⑤ 郭强.对贫困地区科技创业运行机制的思考[J].经济师，2017（5）.
⑥ 周华强，冯文帅，刘长柱，等.科技扶贫项目管理创新研究：理念与实践[J].科技管理研究，2017(11).

科技创新领导小组的职能、加快建立科学化与规范化的科技项目管理机制、进一步强化宁夏科学技术创新服务职能、进一步完善宁夏财政科技经费管理制度、加快建设创新科技资源共享利用机制、加快完善宁夏科技评价和奖励制度、加快建立健全宁夏支持协同创新七个方面着力推动宁夏科技管理体制改革。①

二、加大协同创新力度，优化科技资源配置路径

科技资源的开放共享是协同创新的必然要求，协同创新理念为民族地区科技资源配置提供了全新的视角。冀梦旺以青海省为例，对青海省的科技资源配置进行了研究。冀梦旺认为，青海民族地区科技投入产出基本处于投入、产出"双低"状态；与此同时，青海民族地区地方政府应加倍珍惜科技投入大幅稳步增长的良好局面，加快促进科技投入最大限度地转化为科技产出，努力提高科技资源配置效率。具体建议包括保证科技财力投入稳定增长；制定差别化政策，改善科技人力资源生态环境；大力开发推广生态农牧业科学技术；以对口支援为契机，加强科技交流合作；等等。②

相对于一般研究认为欠发达地区由于资金、人才、平台等科技资源的欠缺导致科技创新乏力，邹文怀、王一茹、高策的研究认为，欠发达地区在科技创新战略的制定过程中，不需要在科技创新的第一阶段过多投入，应把注意力更多集中在科技创新的后一阶段，即技术的商业化和社会化利用阶段。通过开展科技、经济等多领域、多部门协同联动，分类支持企业研发机构建设，加强科技计划对应用型技术和项目的支持与建设、技术供给和市场需求对接平台等途径推动经济转型升级，建立依靠科技创新的内生发展动力实现经济赶超发展。③

三、加强人才引培力度，优化科研队伍结构

科技人才，是影响和制约民族地区科研水平进步的重要因素之一，也是学

---

① 张晓琴.推进宁夏科技管理体制改革的建议[J].宁夏农林科技，2017，11（58）.
② 冀梦旺.民族地区科技资源配置探析：以青海省为例[J].青海民族研究，2017（1）.
③ 邹文怀，王一茹，高策.科技进步or科技创新：欠发达地区科技创新认识误区辨析[J].自然辩证法研究，2017，7（33）.

界在探讨如何推动民族地区科技发展上的重要研究内容之一。2017年，学界在该方面的研究成果依然丰硕，并提出一些新见解。

比如，陆姗认为应积极发挥税收优惠政策在促进民族地区科技创新、人才发展方面的重要作用。她以宁夏回族自治区为例，指出当前自治区税收优惠政策门槛过高、支持力度不够、政策落实不到位三个方面，制约着民族地区科技创新人才发展，在文章的最后作者建议给予民族地区企业所得税、个人所得税及产学研联合方面的税收优惠政策支持。①

再如，王琳指出科技人才是企业技术创新活动中最活跃的因素，企业技术创新的能力、水平和科技产出的多寡在很大程度上取决于人力资源质量、数量及配置情况。因此，民族地区应根据各地自主创新的总体需要，制定人才队伍建设的总体战略和政策，多渠道培育人才。通过科研任务引领、体制机制创新，以市场为导向，以灵活的管理方式和务实管用的引人用人措施，引进和培养一批适合地区战略性新兴产业发展的领军科技人才和团队，不断优化科研队伍结构。②

程建鹏、张静认为，人才是科技文化融合发展的核心因素，对促进科技文化融合至关重要。因此，有必要建立多层次文化科技人才培养管理服务体系，鼓励宁夏区内高校科技力量向文化科技领域聚集，整合科技教育资源，加强学科交叉，同时与市场对接。还应加强各种科技文化人才的培养与引进。将科技文化新业态的人才培养纳入宁夏实施的院士人才培养、领军人才培养、急需紧缺人才引进、青年拔尖人才培养等人才工程。此外，完善文化科技人才管理与激励机制。鼓励符合条件的科研人员带项目带成果、保留基本待遇到企业开展创新工作或创办企业，鼓励有创新实践经验的科技文化企业家和企业相关技术人才到高校和科研机构兼职，促进科研人才双向自由流动。③

在民族地区创新政策优化上，胡丽娜、薛阳以内蒙古为例，指出应优

---

① 陆姗.民族地区科技创新人才发展的税收政策研究：以宁夏回族自治区为例[J].北方经贸，2017(12)．
② 王琳.内蒙古科技创新现状、问题及对策研究[J].内蒙古统计，2017（2）．
③ 程建鹏，张静.宁夏科技与文化产业融合发展现状及路径选择[J].宁夏社会科学，2017年特刊．

化科技创新环境政策，打破单一的资源驱动经济增长方式，出台一系列支持工业、农牧业及现代服务业等多种发展方式的政策，优化产业结构，促进经济跨越式发展，营造有利于科技创新发展的经济环境。此外，强化科技创新供给政策，提高对科技创新活动的人力和财力支持。增加科技创新需求政策，完善实施政府采购自主创新产品的相关政策。通过政府采购的方式加强自主创新产品的研发和生产，加强自主创新产品品牌宣传力度，提高产品竞争力。①

张戈指出，新疆必须抓住我国"一带一路"战略中对核心区域加大基础建设、公共事业投入的历史契机，加快建设一支结构合理、素质优良、规模宏大的科技创新人才队伍，逐步缩小与内地的差距，支撑新疆进入创新驱动的轨道。相关措施包括以政府为主导，加强科技创新人才队伍建设；加强重点人才的培养，创新培养模式；优化科技人才激励机制；加强科技人才交流合作；健全科技人才服务体系；等等。②

四、优化科技经费投入路径，增强科技创新保障

程广斌通过对丝绸之路经济带沿线省份科技创新效率及其影响因素的研究，认为丝绸之路经济带沿线省份由于经济发展水平较低、政府支持有限，中央应继续加大政府转移支付和政策倾斜力度，按照《国家创新驱动发展战略纲要》加大对丝绸之路经济带沿线省份科技创新的资金投入，努力建设一流创新企业，同时积极加强监督管理，确保创新资源合理高效利用。此外，丝绸之路经济带沿线各省份应不断改善投融资环境，积极发展"天使投资"，同时促进产业结构优化升级，合理承接东中部地区的产业转移，加强资源的流通利用效率。③

宋丽颖、张伟亮以"丝绸之路经济带"沿线西部九省区市2001—2014年

---

① 胡丽娜，薛阳.内蒙古科技创新政策体系优化研究[J].北方经济，2017（7）.
② 张戈.新疆科技创新人才资源开发现状及对策研究[J].中国科技资源导刊，2017（3）.
③ 程广斌，张雅琴.丝绸之路经济带沿线省份科技创新效率及其影响因素[J].地域研究与开发，2017（2）.

面板数据为样本，采用面板分位数回归方法，研究了财政科技投入和全要素生产率之间的关系，发现财政科技投入对于全要素生产率的促进作用较为明显。因此，建议西部地区应通过差异化手段提高全要素生产率。此外，应建立多层次财政科技投入体系，提升资金使用效率。最后，由于在不同的发展阶段财政科技投入对于技术效率和技术进步的影响是不同的，因此还要求各省区市合理评估自身所处的发展阶段，并相应引导财政科技投入资金的流向。[1]

廉银萍运用线性回归分析方法，以 2009—2013 年新疆时间序列数据为研究对象，评价不同科技金融融资方式对科技创新作用效果的大小，发现国家财政科技拨款额、金融机构科技贷款额两种融资方式对科技创新水平具有显著正向促进作用，而企业科技资金投入、资本市场融资额、创业风险投资额对科技创新水平回归不显著。因此，新疆科技金融发展模式为政府主导为主、银行为辅。为了推动新疆科技金融发展，廉银萍认为过度地依靠财政资金支持不利于新疆科技金融的发展，因此，创新科技金融发展模式已势在必行。围绕科技型企业在科技创新不同阶段、不同模式的融资需求，建议以财政科技投入为桥梁，建立"政府+银行+风险资本"模式，带动社会资本投入，形成有效的多元化科技金融融资渠道，拉动新疆经济迈上新的台阶。[2]

五、深化国际科技合作，推动创新能力提升

加强国家科技研发和应用合作，通过国际合作弥补现有科学研究和应用创新的短板，是推动科技发展和创新的有力途径。在深化国际科技合作创新方面，我国还有很长的路要走。因此，一些研究人员对此提出了对策建议。

张卫红着眼于广西科技创新力的提升，认为广西与多个东盟国家山水相连，具备开放型发展的天然区位优势。因此，在创新驱动的背景下，广西高新园区需要在推动广西开放型发展和区域性国际化方面做出应有的贡献。张卫红以科

---

[1] 宋丽颖，张伟亮.财政科技投入对西部九省区市全要素生产率影响研究：基于面板分位数回归的方法 [J]. 经济问题探索，2017（4）.
[2] 廉银萍.金融支持新疆科技创新的实证研究 [J]. 黑龙江金融，2017（3）.

技孵化器为例，认为广西高新园区可以尝试推动个别有实力的科技孵化器到东盟国家建立分支机构，并与当地具有雄厚实力的科研院所和企业运营咨询机构展开合作，为中国在其当地的高科技绿地投资及产品本土化设计和跨文化管理提供专业孵化。①

六、多渠道并举，加快科技智库建设

王伟苗、童传贵以贵州科技智库建设为例，指出贵州科技智库建设应着力在人才队伍建设、深化交流合作、工作平台搭建、改革管理机制等方面多下功夫、下力气，重点围绕国家重大战略需求和贵州区域发展需求，聚焦重大现实问题研究，多出成果、出好成果，实现贵州科技智库质量、实效和影响力的全面提升。文中，王伟苗、童传贵特别强调改革完善管理机制的重要性。他们指出，现有的管理机制和方式已不能完全满足当前智库战略发展需要。因此，必须强化改革创新意识和市场竞争意识，转变传统科研管理模式，不断改革完善管理机制，为科技智库健康运行和快速发展提供良好的发展环境。一方面，要积极创新和完善科技智库组织形式和管理方式，尝试探索建立联盟形式的智库组织管理制度，筹建政府牵头，企业、院校参与的贵州科技智库联盟，并形成常态机制，从而加强各智库之间的沟通与合作，有效解决力量分散、重复研究的现象，从而进一步整合贵州智库研究资源，提高研究效率，提升智库研究能力和发展水平。另一方面，重点改革完善科技智库的考核评价机制和成果转化机制。针对科技智库的自身特点，建立以政府、企业、社会等用户为主的评价方法，提高成果利用率、媒体转载率、决策参与度在考核评价中的比重。同时，科技智库应转变观念，提高自我营销意识，完善科研成果转化机制，拓宽成果转化渠道，提高成果转化效率，最终成为影响政策制定的持续力量。②

---

① 张卫红.广西科技创新力提升研究：基于科技孵化器的视角.经济研究参考，2017（59）.
② 王伟苗，童传贵.贵州科技智库发展现状及对策研究[J].云南科技管理，2017（6）.

参考文献

[1] 中华人民共和国国家统计局编.中国统计年鉴 2017 [M].北京：中国统计出版社，2017.

[2] 王延中.中国民族发展报告（2017）[M].北京：社会科学文献出版社，2017.

[3] 肖远平，柴立.中国少数民族非物质文化遗产发展报告（2017）[M].北京：社会科学文献出版社，2017.